旅游心理学

廖兆光　主　编

西南交通大学出版社
·成　都·

图书在版编目（ＣＩＰ）数据

旅游心理学 / 廖兆光主编. —成都：西南交通大
学出版社，2019.1（2020.10 重印）
ISBN 978-7-5643-6714-5

Ⅰ．①旅…　Ⅱ．①廖…　Ⅲ．①旅游心理学　Ⅳ.
①F590

中国版本图书馆 CIP 数据核字（2019）第 003185 号

旅游心理学

廖兆光 / 主　编

责任编辑 / 孟　媛
封面设计 / 原谋书装

西南交通大学出版社出版发行
（四川省成都市金牛区二环路北一段 111 号西南交通大学创新大厦 21 楼　610031）
发行部电话：028-87600564　　　028-87600533
网址：http://www.xnjdcbs.com
印刷：成都中永印务有限责任公司

成品尺寸　185 mm×260 mm
印张　11　字数　236 千
版次　2019 年 1 月第 1 版　　印次　2020 年 10 月第 2 次

书号　ISBN 978-7-5643-6714-5
定价　42.00 元

前　言

近年来，我国旅游经济快速增长，产业格局日趋完善，市场规模品质同步提升，旅游业已成为国民经济的战略性支柱产业。进入新时代，我国旅游业的主要矛盾表现为人民群众对品质旅游的需求日益增长与优质旅游供给不足之间的矛盾。根据近几年文化与旅游部发布的统计数据，得益于互联网尤其是移动互联网的快速发展，旅游者的旅游消费需求发生了显著变化，高度定制化的自由行取代标准化的团队游成为旅游者最主要的旅游方式，散客化取代跟团游导致旅游组织方式发生重大变革。游客旅游需求多样化、个性化和旅游行为由传统单一型观光游览向休闲娱乐度假多元复合型转变，这对旅游目的地产生着一系列持续影响。如何提高旅游目的地的管理水平，如何加强旅游业供给侧结构性改革，是我们面临的一个新的历史任务。21 世纪以来，旅游需求市场表现出日益明显的个性化、多样化、定制化的发展趋势。旅游市场的变化实际上是旅游消费群体心理变化的外在表现。因此，在旅游实践中加强心理分析能更好地满足旅游者的需要、提升旅游服务品质和指导旅游业的发展。

旅游心理学是随着旅游业的产生和发展而出现的新兴学科，是旅游管理本科专业的必修主干课程之一，在指导旅游活动、旅游服务与旅游企业管理等方面具有重大意义。在旅游心理学的发展过程中，许多专家学者为建立旅游心理学这一应用学科付出了辛勤的劳动。据不完全统计，自 20 世纪 80 年代以来正式出版的旅游心理学教材已有 50 种之多。总体来看，专家学者们仁者见仁、智者见智，对旅游心理学框架体系和内容编排的选取不尽相同。旅游心理学的教材应该如何编写？旅游心理学基本的理论框架是什么？旅游心理学到底应该为旅游从业人员传授什么？这也是学者们反复思考的问题。

旅游心理学是一门应用心理学，主要借鉴心理学的基本原理和研究方法，对旅游过程中旅游者以及旅游从业人员的心理活动及规律进行分析研究，以促进旅游业的发展。因此，本书在内容编排上注重旅游服务的工作过程和岗位特色，突出旅游心理学在旅游服务行业中的针对性和实用性。学生应重点掌握在旅游情境中旅游心理活动的规律与特征，本书按照"总论""旅游者心理""旅游服务心理""旅游管理心理"进行论述，涵盖了旅游心理学的基本原理，介绍了旅游心理学新的研究成果和实践案例。在理论引用方面，我们也尽量做到引用那些能够真正与旅游业心理现象关联的心理学理论，摒弃了传统教材中一些陈旧而脱离旅游业实践的解释案例。另外，本书大量采用了一些直接反映当前旅游业现实的新案例，并且力图做到真实、生动、趣味。通过这些生动而鲜活的案例，力图使旅游心理学方面的那些理论由此而变得浅显易懂。

　　本书由汉江师范学院廖兆光在中南财经政法大学求学深造期间执笔完成。教育部旅游管理类专业教学指导委员会委员、中南财经政法大学博士生导师舒伯阳教授对编著工作给予了悉心关怀和全程指导，并提出了许多建设性的意见和建议。在本书的编写过程中，中南财经政法大学工商管理学院的研究生陈凯、白露、伍新蕾、徐宁珺、周慧娟、罗艳、鲍富元、秦晶、赵进、杨义菊和肖博文收集整理了部分资料。

　　本书在编写过程中，参考了国内外旅游心理学、管理心理学和服务营销领域诸多学者的成果，并引用和改编了其中的有关资料。谨向这些学者和专家致以诚挚的谢意！另外，在本书的写作和出版过程中，责任编辑孟媛女士为本书的细节问题不辞辛苦多次与我联系，我们沟通得非常愉快。在此，对她的辛勤付出表示真诚的感谢！

廖兆光

2018 年 9 月

目 录

总　论 ………………………………………………………………………… 1

 第一节　旅游现象的心理透视 ……………………………………… 1

 第二节　旅游心理学的研究方法 …………………………………… 2

 第三节　旅游心理学的研究内容 …………………………………… 6

 第四节　研究旅游心理学的意义 …………………………………… 8

第一章　旅游消费行为的心理背景 ……………………………………… 12

 第一节　消费者与旅游消费行为 …………………………………… 12

 第二节　旅游消费的内外影响因素 ………………………………… 19

 第三节　旅游消费行为的过程 ……………………………………… 22

第二章　认知与旅游行为 ………………………………………………… 26

 第一节　旅游者的知觉规律 ………………………………………… 26

 第二节　知觉中的心理定式 ………………………………………… 29

 第三节　旅游条件的认知 …………………………………………… 31

第三章　旅游需要与动机 ………………………………………………… 37

 第一节　多样化的旅游需要 ………………………………………… 37

 第二节　具有驱动力的旅游动机 …………………………………… 44

 第三节　旅游消费环境与动机的互动 ……………………………… 48

第四章　个性与态度 ……………………………………………………… 53

 第一节　人格特征与旅游行为 ……………………………………… 53

 第二节　人格结构与旅游决策 ……………………………………… 59

 第三节　态度偏好与旅游行为 ……………………………………… 62

第五章　旅游服务双方的心理互动 ……………………………………… 73

 第一节　旅游服务中的客我交往关系 ……………………………… 73

 第二节　旅游服务中的功能服务与心理服务 ……………………… 80

第六章　旅游服务环节的心理分析 ……………………………………… 87

 第一节　服务场景与顾客心理 ……………………………………… 87

 第二节　顾客心理与服务时机把握 ………………………………… 93

　　第三节　员工行为与顾客心理引导 ················· 97

第七章　旅游专项服务心理技巧 ···················· 103

　　第一节　酒店服务心理 ····················· 103

　　第二节　餐饮服务心理 ····················· 110

　　第三节　导游服务心理 ····················· 113

第八章　旅游从业人员的心理素质 ·················· 122

　　第一节　仪表、气质与服务表现 ················· 122

　　第二节　性格、情感与服务热情 ················· 125

　　第三节　意志、能力与服务水平 ················· 129

第九章　旅游企业员工心理及行为管理 ················ 135

　　第一节　旅游企业员工个体心理差异及管理 ··········· 135

　　第二节　旅游企业员工心理保护和调适 ············· 142

第十章　领导与管理激励 ······················ 148

　　第一节　领导行为与员工心理 ················· 148

　　第二节　领导风格与情景权变 ················· 158

　　第三节　管理激励与团队士气 ················· 162

参考文献 ····························· 169

总　论

【学习目标】

通过本章的学习，建立对旅游心理学的基本认识，了解旅游心理学的主要研究对象：旅游者消费心理、旅游服务心理、旅游管理心理。了解在旅游心理学分析中常用的四种研究方法：观察法、实验法、测量法、调查法。掌握对旅游现象进行心理分析的两大基本原则：客观性原则、发展性原则。了解学习旅游心理学的意义。

第一节　旅游现象的心理透视

致旅游的情书

亲爱的旅游：

　　您好！

　　我不得不很坦率地告诉您，我对您仰慕已久，可以说在刚会走路时，我就萌发了对你的爱慕。三四岁时曾独行二里，这足以印证我对你的感情。现在我的街坊邻居对这件惊天动地的事件还记忆犹新，因为他们曾敲着锣四处寻找，幸亏那时没有人贩子。

　　经过这么多年，这颗爱慕的种子已经发芽长大了，虽然世界各地并没有留下我的几双脚印，可我知道，在我的心里，对你是多么的热爱，但是没有面包的爱情是不会长久的，所以我还得先烤制"面包"，怎么说我也不能倒在追随你的路上吧，决不能让你的声名受伤。

　　旅游，你知道吗，在我半夜醒来的时候，总是有个声音在对我呼唤：拉萨，美丽的布达拉！云南，永远的香格里拉！……我多么希望在黎明的曙光里可以收拾行囊，走在去旅游的路上。

　　现在我要告诉你的是，我已无法忍受对你的渴想。我要接近你，去亲吻山间的小溪，去拥抱林间的古树，让我把高山的云、低谷的雾全部珍藏，用我的心去安放迟归的小鸟，去迎接初升的太阳。我要去我魂牵梦萦的地方，我的西藏，在布达拉宫钟声敲响的时候洗涤灵魂的尘土，在神圣的佛前倾诉我的梦想。

没有你，我的生活将黯淡无光，今生今世，不离不弃；永远永远爱你！

【评析】

此文作者将旅游比作"情人"，拟人化的写作手法不仅使文章生动有趣，更将人的心理诉求移植于旅游。充分体现了旅游心理这个"中介"环节对于"刺激"和"反应"的影响。

心理学也许是现代生活中人们最广泛涉及的主题，因为，人们的现实生活主要是由人的心理和行为支配的。旅游是一种社会活动，是一种特定环境中的人际交往活动，而一切人际交往行为皆由意识和心理支配。例如，某位游客在五一黄金周即将来临前广泛查询、向众多朋友请教、与家人切磋，在几经周折、反复酝酿之后，终于在多个旅游目的地中选择了桂林。如果我们深入探究和分析，就会发现这一旅游消费决策现象的背后其实有着深层的心理原因。人们为什么要去旅游呢？也许源于他们心底久远的一个梦想，也许出于眼前的暂时需要，背后的原因多种多样。

从本案例短文可以看出，一个人的出游行为背后其实是有着复杂的心理原因的，在看似平常的现实生活中，每一个人都会酝酿自己的梦想，形成旅游的期望。有位学者曾经总结说，世界上有三大未解之谜：物质起源之谜，生命起源之谜，意识起源之谜。而心理学恰恰是探索意识起源之谜的科学，此外，由于意识起源之谜在很大程度上又和前两个未解之谜密切关联，这也使得心理学成了当今一个相当庞大而复杂的学科领域，同时也是一个能够使任何人都可能在其中找到自己感兴趣主题的领域。学习旅游心理学能够帮助我们透视纷繁复杂的旅游现象背后的心理奥妙，这正是旅游心理学的魅力所在！

第二节　旅游心理学的研究方法

旅游心理学是一门应用性极强的学科，其研究对象是旅游活动中的人，他们生活在不同的社会环境和文化背景之下，无一不打上了社会和文化的烙印。旅游活动表现出空间上的流动性、时间上的短暂性与构成上的复杂性等特点。旅游心理学是心理学一个新兴的分支应用学科，其研究方法主要来自心理学中已经非常成熟的研究方法，此外，社会学的知识和研究方法也成为旅游心理学的重要知识和方法的来源。这些构成了旅游心理学科发展的先天优势，其后天优势则是强大的社会实践需要。因此，在研究方法上，旅游心理学综合运用了心理学、社会学、人类学、社会心理学、统计学、经济学等多学科方法。同时，在研究方法上还表现出了很强的实践性，主要是解决旅游实践活动中亟待解决的问题，故在旅游心理学的具体实践中，会从旅游业的自身特点出发，有选择地、变化地使用这些研究方法。

心理学是一门边缘学科，其研究方法往往兼有自然科学和社会科学两方面的特点，作为心理学分支学科的旅游心理学的研究方法也具有这种特点。旅游心理学的基本研究方法主要有观察法、实验法、测量法、调查法，此外还有个案法、测验统计法等。

1. 观察法

观察法是在自然情况下，有计划、有目的、系统地直接观察被研究者的外部表现，了解其心理活动，进而分析其心理活动规律的一种方法。观察法应在自然条件下进行，研究者不应去控制或改变有关条件，否则，被试者行为表现的客观性将受到影响。通过观察、记录和分析，可以了解被观察者的行为反应特点，用以分析被观察者心理活动的规律，并且还可以直接为刺激观察者的行为反应提供策略选择的依据。

运用观察法，首先应有明确的目的，要制订研究计划，拟定详细的观察提纲。观察过程中要敏锐捕捉各种现象，并准确、详细地记录下来，及时予以整理和分析，以便形成科学的研究结论。由于观察法很少干扰或不干扰被观察者的正常活动，因而得出的结论比较符合实际情况。另外，观察法简便易行，可以涉及相当广泛的内容。但由于观察者往往处于被动地位，只能等待需要观察的现象自然出现，因此，观察所得到的结果往往不足以说明哪些是偶然的，哪些是规律性的。此外，观察法对研究者要求较高，表面看起来观察法很简单，但实际运用起来难度非常大，因此，只有经过严格训练的人才能有效使用。在具体实践中，一般有四种观察方法可供研究人员选择：

（1）直接/间接观察法：直接观察法指观察那些正在发生的行为；间接观察法是指对一些隐蔽行为（如过去行为）的观察，在采用间接观察法时研究人员注意某一行为造成的影响或结果多于注意行为本身。

（2）隐蔽/非隐蔽观察法：在隐蔽观察中，被观察者不知道自己正在被观察。如果无法避免使被观察者意识到他正被观察的情况，则被称为非隐蔽观察。

（3）结构/非结构观察法：结构观察法将事先确定观察的范围；而非结构观察对观察范围不加任何限制。

（4）人工/机器观察法：在人工观察中，观察者是研究人员雇用的人员或其本人。用非人工的形式，如自动记录仪器设备进行观察，就是机器观察。

2. 实验法

实验法是有目的地严格控制或创设一定的条件，人为地引起某种心理现象，从而对它进行分析研究的方法。实验法主要有两种形式：

（1）人工实验法：人工实验法通常是经过人工设计，在专门的实验室内借助各种仪器来进行的。在设备完善的实验室里研究心理现象，从呈现刺激到记录被试者反应、数据的计算和统计处理，都采用电子计算机、录音、录像等现代化手段，实行自动控制，因而对心理现象的产生原因、大脑生理变化以及被试者行为表现的记录和分析都是比较精确的。它较多地运用于对心理过程的研究和对心理现象的生理机制的研究。

例如，在实验室中模拟各种自然环境条件和各种工作环境条件，然后研究人在这些条件下与技术条件相互作用过程中的心理活动的各种成分（运动的、感觉的、知觉的、记忆的、智力的、意志和性格的成分）。实验室实验法在旅游研究中使用起来难度较大，一般较少使用。

（2）自然实验法：自然实验法是由研究者有目的地创造一些条件在比较自然的条件下进行的。它既可以用于研究旅游者一些简单的心理活动，又可用于研究较复杂的心理活动。自然实验法的特点是把科学研究与旅游工作结合起来，其研究结果具有直接的实践指导意义。自然实验法兼有观察法和实验室实验法的优点。由于自然实验法是在实际情况下进行的，所得到的结果比较接近实际；又由于自然实验法是由研究者有目的地改变或控制某些条件，因此比较具有主动性和严密性，所得到的结果也比较准确。

使用实验法研究旅游者的心理和行为时，应该注意三个方面的问题：第一，实验必须设立对照组。实验结果如何最终取决于实验组与对照组被试反应的比较。两组被试的有关实验条件应完全相同或相似，所不同的是实验组接受了特殊的实验处理，而对照组没有接受。如果两组被试的反应之间出现了差别，就可以归因为特殊的实验处理。第二，需要对被试对象进行精确的事前测验和事后测验。研究者要在对被试对象实施实验处理之前，就研究的指标对他们进行测验，然后在实施实验处理之后再就相同的指标进行测验，比较两次测验的结果，就可以确认研究指标与实验处理之间是否存在因果关系。第三，被试取样随机化。研究者不能主观任意地挑选被试，而应该使在某个范围内的每个人都具有均等的机会成为被试，即被试取样随机化。随机取样可以减少实验结果的偶然性和特殊性，增加其可靠性和普遍性。

3. 测量法

心理测量法是指使用测量工具对具有某一属性的对象给出可资比较的数值而采取的方法。测量时所使用的工具称为测验量表（Scale）。例如，要想知道某人的智力水平如何，一般使用智力测验作为测量工具，测出该人的智商，然后将所得数值与一般人的智商比较，以此判断这个人智力水平的高低。这一方法往往用在对旅游业工作人员的心理测试上，用以研究员工的心理品质（能力、人格等方面）与服务行为的关系，对研究旅游管理心理具有积极作用。

在旅游心理学这样的心理学应用领域，使用心理测量法时研究者通常是"拿来主义"的态度，直接使用那些标准化的测验量表来测量旅游者或旅游工作者的心理和行为特征。例如，要了解旅游者的智力，可以使用韦克斯勒（Wechsler）的儿童与成人的智力量表进行测量。要了解旅游者的各项人格因素，可以使用明尼苏达大学的明尼苏达多项人格调查表，也可以采用卡特尔（Cattell）16 项人格因素问卷。除此之外，还有许多其他的人格测验量表可供使用。如果想了解旅游者的价值观，可采用莫里斯（Morris）13 种生活方式量表。当然，也可以使用奥尔波特（Allport）等人的价值研究量表。在心理测量领域，用来测量人的心理现象的量表越来越多，举凡态度、兴趣、偏爱、需要、动机、能力、情绪、记忆、气质、性格等方面，都有相应的测验量表，有时还往往不止一个。

心理测量法的优点是：能够把定性变量当作定量处理，使研究结果更加科学、直观、实用；可以进行团体测验，提高了研究工作的效率；心理测量的结果既可以描述现象，又可以对现象的发展进行预测。它的缺点是：理论基础不够坚实，如人们对什么是人格还在争论，因而那些人格测验量表的效度就令人怀疑；对测量结果进行统计的方法尚不完善，可能存在因为统计处理的问题而导致错误结论的现象；对测量环境和实施测量人员提出了很高要求，在实施测量过程中难以保证满足要求；任何量表都有其适用的人群，对其他人群使用时必须进行修订，如果没有修订就直接使用，测量结果可能不真实、不可靠。

4. 调查法

对不能直接观察到的心理现象，需要收集有关的侧面资料，以间接了解有关人员的心理状况，这种研究方法称为调查法。调查法的基本做法是研究者拟定一系列问题，向被调查者提出，要求他们做出回答，然后整理所得的资料，从中得出结论。调查法包括问卷法、访问/访谈法等。

（1）问卷法：指通过对一组具有代表性的样本，采取问卷调查的方式收集研究所需的资料。根据调查所需资料和条件的不同，可以分为人工操作调查（由调查者提出问题并记录答案）、计算机操作调查（计算机技术在整个调查中发挥重要作用）和自我管理调查（由被调查者阅读问卷并直接将答案写在问卷上）三种基本的调查法。在实际调查时，研究人员还可以采用拦截访问、办公室访问、传统意义上的电话访问、集中电话访问、计算机辅助电话访问、全电脑化访问、小组自我管理调查、留置问卷调查、邮寄调查等具体调查方式来获得第一手的资料。问卷法的优点是可以同时进行大规模的调查，缺点是问卷回收率低，加之有些问卷的回答者可能并不认真对待问卷，对所回收的问卷答案的真伪判断较难。

通过问卷调查了解旅游者对特定旅游品牌的认知

某旅行社要了解旅游者对该旅行社"夕阳红"旅游品牌的认知度，就可以将涉及对"夕阳红"旅游品牌及竞争对手有关品牌的态度的问题编制成一张问卷，并向一组有代表性的旅游者（包括现实和潜在用户）提出这些问题。于是该旅行社就可以确认：为什么有些潜在用户选择竞争对手而不接受本旅行社，持这种否定态度的旅游者的特点以及能否制订有效的营销策略改变他们的旅游态度。

（2）访问/访谈法：是研究者通过与被调查者谈话，针对某一论点以一对一的方式提出一系列探究性问题，深入了解被调查者对某事的看法，或探究其为什么做出某种行为的心理特点。访谈在了解个人是如何做出决定、对旅游产品的评价以及旅游者生活中的情绪和个人倾向时尤为有用。新的概念、新的产品设计、广告和促销信息往往以这种调查方法形成。进行访谈时，一般由训练有素的访问者提出一些开放式的问题，如"你能详细阐述你对生态的观点吗？""为什么是那样呢？"等。通过这些问题可以帮助研究人员了解被访问者的真实想法。但是，谈话法的缺点在于被调查者的心理特点的结论是由被调查者口头回答做出的，往往不可靠，因而此法常不单独使用，而与其他方法结合使用。

心理学的研究方法还有很多，比如个案法、经验总结法、模拟法等。这些方法各有其优缺点。由于旅游心理现象的特殊性和复杂性，进行研究时应根据研究对象的特点和具体任务的差别选择某一种或某几种方法。

第三节　旅游心理学的研究内容

要了解旅游心理学，我们不妨先从人的心理活动、旅游心理和心理学开始。

法国浪漫主义作家雨果曾说过："世界上最浩瀚的是海洋，比海洋更浩瀚的是天空，比天空更浩瀚的是人的心灵。"心灵和意识是如此复杂、神秘莫测，人类对于它的探究从古至今就没有停止过。心理学自成为一门学科不过 100 多年的历史，但它已渗透到各个行业。

人的心理活动丰富多样，而其中的关联也是异常复杂。比如，我们听到"竹林"的沙沙声，看到"竹影婆娑"光与色，尝到"竹筒饭"清香滋味，摸到硬直、温涩的竹节等都是感觉。在这些感觉的基础上，能分辨认出这是斑竹，那是毛竹，这是雨天的竹，那是月光下的凤尾竹等，这就是知觉。在离开了这些具体的刺激物的作用之后，原来听过的关于"竹"的话题仍"话犹在耳"，看过的某些竹的图形、影像仍"历历在目"，这就是记忆。人不仅仅能通过记忆把经历过的事物回想起来，而且还能想出自己从未经历过的事物，如同小说里所描写的人物形象和场面，这就是想象。凭借人所特有的语言，通过分析、综合、判断事物的本质及其发生、发展的规律，例如导游根据游客参观"蜀南竹海"过程中的表情、谈话的语气以及谈话的内容，可以推断出游客对该旅游项目是否满意，以及下一步需要改进的内容，就是思维。

感觉、知觉、记忆、想象、思维都属于对客观事物的认识活动，是为了弄清客观事物的性质和规律而产生的心理活动，这种心理活动在心理学上统称为认识过程。

人在认识客观事物时，常常会伴随产生满意或不满意、愉快或不愉快等态度，这在心理学上称为情感或情绪。

人不仅能认识客观事物，并产生一定的感受，而且还能根据对客观事物及其规律的认识自觉地改造世界。人能够根据自己的认识确定行动目的，拟定计划和步骤，克服困难，最终将计划付诸行动，这种自觉地确定目标并努力加以实现的心理过程就是意志过程。

所有这些心理现象、认识、情感、意志过程统称为心理过程，认识、情感、意志这三个心理过程是互相联系、互相促进，统一在一起的。

由于每个人的先天因素、受教育程度以及个人的实践经历各不相同，因此，每个人的心理过程总是带有明显的个人特征，于是就形成了不同的个性，并具体表现为每个人具有不同的个性倾向性、动机、兴趣、理想、信念、世界观和个性的心理特征（能力、气质和性格）。如每人的兴趣倾向性、兴趣的广度、兴趣的中心、兴趣的稳定性不同；各人的观察力、注意力、记忆力、想象力、思考力不同；能力高低不同；在同一种情境下，各人的反应不同。例如当诗人看到一棵挺直的青松时，他会把这棵青松人格化，会写出《青松赞》之类的诗歌；旅游者看到这棵青松时，更多地会注意它的外形，在头脑中对比与自己以前所见的青松有何不同；而生物学家看到这棵青松时，则会关注它生长的环境和它的生长特征。此外，各人的理想和信念，各人情感体验的深浅度、情感表现的强弱，以及克服困难的决心和毅力的大小也不相同。所有这些都是个性的不同倾向和不同特点。

在一定社会历史条件下人的个性倾向性和个性心理特征的总和，统称为个性心理或人格。个性心理是一个人相对稳定、平衡的动态系统（见图0-1）。

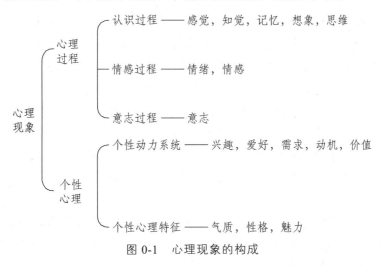

图 0-1　心理现象的构成

总之，心理学是研究心理过程发生、发展的规律性，研究个性心理形成和发展的过程，研究心理过程和个性心理相互关系的规律性的科学。

旅游心理是旅游者、旅游工作者和旅游地居民在旅游活动过程中表现出来的特有的心理活动。旅游活动的主体即旅游者，吸引物是旅游景区景点、旅游酒店、旅游服务等，而使旅游活动得以实现的条件有旅游交通、旅游接待机构等。旅游者活动的外在表现行为，是在主体的内部因素和外部条件相互作用下产生和进行的。在两者的相互作用中，心理因素是旅游者的内在因素，旅游者的心理特点、心理状态决定着其感知到了哪些旅游条件：选择什么样的旅游活动内容和方式，同时还影响着旅游者在旅游活动中的感受、体验的性质和程度。旅游吸引物的特点及建设、发展状况，对旅游行为的激发，旅游目的地的选择及旅游心理感受、体验，直接产生积极或消极的作用。因此，旅游心理学就是要对旅游活动中产生的心理现象进行研究，从而发现旅游活动中的心理规律。

根据旅游心理学的研究对象，目前学界普遍认为旅游心理学的具体研究内容应包括以下几个方面：

（1）旅游者心理。具体包括旅游知觉、旅游动机、旅游者的人格、旅游者的态度、旅游者的情绪和情感及旅游审美心理。

（2）旅游服务心理。具体包括导游与风景区服务心理、酒店服务心理、旅游交通服务心理和旅游商品服务心理。

（3）旅游管理心理。具体包括旅游企业中的人际关系、员工的心理保健、员工劳动心理和旅游企业领导心理。

第四节　研究旅游心理学的意义

研究旅游心理学对于旅游学科的建设和发展，对于旅游业的发展具有十分重要的意义。我们必须对旅游学科中的一些本质问题从心理层面进行深入研究，以构建和完善旅游学科大厦的理论基础。例如，人们为什么外出旅游？对旅游学科中这一根本性问题，至今为止仍未得到很好的解答。传统的教科书中通常列举了许多种原因，如旅游是为了扩大视野、增长见识；是为了接触和了解异国他乡的人；是为了探亲访友；是为了放松、娱乐、游玩；是为了身体健康；是为了寻访故土；是为了得到一个好心情。但这些回答并不能令人满意，它们仅仅只是罗列了问题的一些表象，却并未揭示出"人们为什么要见识这个世界？""为什么要了解异国他乡的人？"等更深层次的心理原因。

旅游心理学从产生到现在只有 20 多年的历史，但它已扮演着为旅游企业提高旅游服务质量、设计新的旅游产品、旅游资源开发与规划、市场营销等提供心理依据和理论决策的重要角色，研究和学习旅游心理学的意义不言而喻。

1. 有助于开发能真正满足旅游者需求的旅游产品

一方面，研究旅游心理学有助于深入了解旅游者现实需求和潜在需求。前者是旅游者能意识到的现实的旅游需求。如根据现代旅游者返璞归真的旅游需求，旅游企业大力开发的乡村旅游、生态旅游、民族风情旅游，这些符合旅游者现实需求的产品必然会有市场，受到旅游者的青睐。但这一切还远远不够，把握旅游者现实需求的旅游企业只能把握当前的旅游市场需求。而只有把握住了潜在的旅游需求，才能把握住人们未来的需求，甚至可以引导人们的旅游需求。旅游心理学会给旅游业提供把握旅游需求的理论依据，为旅游企业打开旅游产品创新的思路。

另一方面，研究旅游心理学有助于为旅游者提供丰富多彩的旅游体验。随着体验经济时代的来临，旅游心理学能为旅游体验提供理论依据。旅游体验项目可以从旅游者知觉、旅游动机、旅游态度、旅游者人格、旅游学习、旅游活动中的情绪情感、旅游活动中的人际关系的理论和知识中获得理论上的指导和启迪。旅游产品的设计必须对旅游体验给予更多的关注，应充分调动人们的情趣，有效刺激旅游者味觉、嗅觉、视觉、听觉、触觉中的一种或几种。这样可以使人们的体验更加深刻、难以忘记，使之能够满足旅游者的需求与期望，能强化旅游产品的感观刺激，使旅游者对旅游项目留下深刻的印象。

2. 有助于旅游业寻找提高旅游服务质量的关键

旅游业的宗旨是"顾客至上，宾至如归"。旅游业工作的宗旨就是根据旅游者的心理和行为特点，为旅游者提供能够满足其心愿的最佳服务。

首先，旅游服务心理通过分析服务过程中旅游者的心理因素，旨在揭示并遵循旅游者的心理和行为规律，采取相应的积极的服务措施，从而不断改进和提高质量。旅游心理学为有针对性的旅游服务提供了理论基础。

其次，旅游业要真正提升服务质量，还需要实现从"顾客第一"向"员工第一"的转化。在现代旅游管理实践中，管理者已经逐渐认识到"快乐的员工才是真正具有生产效率的员工"。旅游心理学正是从旅游管理心理、员工心理的角度，研究如何调动员工工作的积极性，如何引导员工培养良好的心态，克服挫折感，与旅游者建立良好的关系等。如此可以使旅游管理工作更加科学化、人性化。同时，还可为旅游企业有效激励和培训员工提供理论原则与方法指导。

3. 有助于旅游企业有效地提升市场竞争力

为在激烈的竞争中求得生存发展，每一家旅游企业都必须千方百计地开拓市场，借助各种营销手段争取旅游者。了解和掌握旅游者心理与行为活动的特点及其规律，可为制订营销战略和策略组合提供准确依据。例如，在开发新的旅游项目时，可以根据目标市场的旅游者的心理欲求和消费偏好设计产品的功能、款式、使用方式和期限等，针对旅游者对产品需求的心理周期及时改进或淘汰旧产品，推出新产品；在广告宣传方面，可以根据旅游者在知觉、注意、记忆、学习等方面的心理活动规律，选择适宜的广告媒体和传播方式，提高商品信息的传递与接收效果。实践证明，只有加强对旅游者心理与行为的研究，根据旅游者心理活动的特点与规律制订和调整营销策略，企业才能不断满足旅游者的旅游需要，在瞬息万变的市场环境中应付自如，具备较强的应变能力和竞争能力。

4. 有助于合理规划旅游资源的开发与管理

旅游资源的开发和规划包括差异性、参与性、真实性、挑战性四个方面。旅游心理学的研究可以深入了解旅游者对这四个方面的具体需求，从而实现以满足旅游者需求为导向，为旅游者创造独特的经历和体验。

5. 有助于构建旅游者、旅游地居民、旅游开发商和当地政府的和谐关系

在旅游项目的开发过程中，常常会涉及旅游者、旅游地居民、旅游开发商和当地政府等多个利益相关者（Stakeholder）。由于各自的利益出发点不同，因此他们之间的矛盾冲突在所难免。例如，海岸线一带既有旅游使用，又有渔业、林业的使用，所以这就需要旅游规划对此加以有效的协调，针对其间的冲突提出解决的办法。在旅游者涌入目的地市场的推动作用下，地方政府或投资商加大了在目的地的旅游设施和接待业的投入，以满足旅游者的消费要求，并通过旅游业获得利益。但随着目的地设施及服务接待能力的提高，有可能接纳更多的旅游者，这时需要对外界目标市场进行目的地营销活动，以赢得更多的旅游者前来访问。在旅游业经济利益机制驱动下，投资商和政府进一步投资于基础设施、旅游设施和接待服务业。较长时间的旅游业市场氛围的熏陶和推动，使目的地的社会结构、经济格局、景观环境乃至文化品质都发生了一系列变化，一部分旅游度假者甚至迁移进入旅游开发区，原有居民的性质也有了一定程度的改变，形成了一批新居民。社会文化和环境的较大改变，会削弱目的地对外界的吸引力，可能导致目的地造访人数的下降，使目的地出现衰退迹象。

在这一过程中，旅游地居民的心理也可能会发生很大的变化，他们可能会从开始积极支持旅游开发，热情地欢迎旅游者的到来，变化成后来的反对旅游开发，形成抵触旅游者的敌对心理。旅游心理学应关注、研究这一心理发展历程，找出其发生、发展、变化的规律。为政府制定旅游政策、旅游开发商决策、旅游地构建和谐稳定的社会秩序等提供理论依据，从而实现"低流量、高质量、高附加值"的旅游目的地的发展目标。

◇ **本章小结**

本章介绍了旅游心理学的研究对象、研究方法和学习旅游心理学的意义。旅游心理学的研究对象包括旅游消费心理、旅游服务心理、旅游企业员工管理心理。学习旅游心理学的意义：有助于开发能真正满足旅游者需求的旅游产品；有助于旅游业寻找提高旅游服务质量的关键；有助于旅游企业有效地提升市场竞争力；有助于合理规划旅游资源的开发与管理；有助于构建旅游者、旅游地居民、旅游开发商和当地政府的和谐关系。

◇ **核心概念和观点**

旅游心理学；旅游体验。

★人们的现实生活主要是由人的心理和行为支配的，因此心理学在现代生活中被广泛涉及。

★旅游心理学是在人与旅游环境的相互作用中来研究人的心理和行为。

★旅游业工作的宗旨就是根据旅游者的心理和行为特点，为旅游者提供能够满足其心愿的最佳服务。

◇ 思考题

1. 结合国内旅游业的现状，谈谈旅游心理学的任务。
2. 试述学习、研究旅游心理学对提高旅游服务质量的作用。

第一章　旅游消费行为的心理背景

【学习目标】

□知识目标：通过本章的学习，理解并掌握旅游消费者、旅游消费者行为等核心概念；了解旅游消费行为的特点及发展趋势；学习认识旅游消费内外因素的影响以及旅游者的决策过程。

□技能目标：在结合本章知识点的基础上，通过对书本案例的分析与讨论，学会分析现实生活中具体的旅游消费行为。

□能力目标：学习寻找行为与心理的联系；由旅游行为发现旅游心理，同时据旅游心理审视旅游行为。

第一节　消费者与旅游消费行为

一、消费行为概述

（一）消费者与消费者价值

人从呱呱坠地的第一天起，就注定了成为潜在的社会消费者的一员。也许，此时他（她）只能算是潜在消费者，因为婴儿喝的是母乳（非商品）。当然，在经济日益市场化的今天，能够做到完全超脱于消费活动之外的人恐怕是很难找到了。

这一例子说明，消费者的概念来自市场，这是因为个人或家庭需要购买、使用的商品或接受的产品与服务均来自市场交换。一般来说，消费者应具备以下基本特征：

① 消费者购买/消费商品和接受服务是出于自身的某种需要；

② 消费者消费的对象是生活资料，而不是生产资料；

③ 消费的对象（客体）不仅包括实物，而且也包括服务；

④ 消费的主体是自然人或者家庭，一般不包括法人或团体；

⑤ 获得商品和服务的手段，是通过市场交换来实现的。

当你在某个旅游目的地购买了一件印有旅游地标志的民族服饰时，你想得到的仅仅是一件衣服这么简单吗？当你走进一家咖啡屋品尝咖啡的时候，你想要的仅仅是一杯咖啡而已吗？

那么，为什么你在长阳土家族旅游区要选择一件西兰卡普①而不是其他衣服呢？为什么你是去这间咖啡屋而不是去别的咖啡屋，或者干脆买袋速溶咖啡自己冲饮更省事呢？

答案似乎可以非常简单，简单到你大可借用麦当劳叔叔那句经典的广告词 "I'm loving it"（我就喜欢）。而这个看似任性的回答——"就"字里却恰恰包含了类似"我喜欢这件衣服的独特款式，而且也比较合身""这间咖啡屋比较有个性和情调，可以让我彻底放松下来，让我觉得很自在舒服"等丰富的理由。这正是问题的关键所在，因为它能满足你的某种需求（如合身、放松心情等），满足你追求的某种利益。

消费者购买和消费商品，并不是仅仅针对消费商品本身，其目的是购买和消费这件商品/服务带给自己的某种利益，这种利益就是消费者价值，即消费者从某一特定产品或服务中获得的一种利益。它受消费者年龄、职业、收入、文化程度、自身素质、身体状况、消费经验以及整个社会环境、社会经济形势的影响并随之不断变化。

（二）消费者行为的趋势

事实上，当你受到某个广告或是外界事物的刺激，在头脑中酝酿某种消费需求与动机的时候，你的消费行为就已经开始了。

消费者行为是指在一定外界环境的刺激下，消费者出于满足自身某种利益的需要与外界环境产生互动，进而购买和使用各种消费品的动态决策和行动过程。从本质而言，它是一个系列决策的过程，包括购前——购中——购后到下一轮消费的购前决策行为。消费者作为核心，他的每一个具体的消费行为始终都处在这一系统的某一环节中，共同组成了"消费者行为车轮"（如图1-1）。可以说，正是这些数不清的"车轮"碾出了市场经济的发展之路。

图 1-1　消费者行为车轮

车轮的转动是循环往复的，但这并不是说消费者行为是一种简单的重复性工作。它呈现出螺旋式发展的态势。消费者虽然是这个车轮的轴心，但车轮的运转状况同时要受到外部环境的影响。消费行为同外部环境的作用过程不是单纯的因果关系，而是

---

① 西兰卡普是鄂西土家族的一种传统手工织锦。

互为因果的逻辑关系。例如，一方面，经济环境中的个人收入水平、利率、物价、通货膨胀率、税率等均会对消费者的行为产生影响；另一方面，当众多消费者做出相似决策时，整体的经济环境也会相应发生变化，市场从而随之有所波动。这种互动性在黄金周的"兴"与"废"上得到了充分的体现。

在以往物质产品匮乏、信息传达闭塞的年代，消费者的消费意识十分单纯，他们对商品的追求大多停留在有形的物质层面，基本上还处于经济理性消费时期。随着生产力水平的不断发展和社会物质产品的极大丰富，消费者借助科技的进步不断积累和丰富了消费经验，消费心理也日趋成熟，其消费行为也已经逐步从理性消费向感性消费迈进。目前，消费者的行为趋势主要表现如下：

（1）消费心理日趋成熟。今天，消费市场已经由卖方市场转入买方市场，面对众多的厂商和丰富的消费品，消费者一方面有了更多的选择机会，另一方面为了规避购买风险，消费者总是想方设法事先了解（学习）所需产品的各种信息，即在消费过程中的自主"学习"意识明显增强。同时，接触消费信息途径的增多也使得消费者对于选择具体的消费对象这一类事情越来越内行和自信。例如，有线电视频道的增多使得消费者可通过旅游专题节目、旅游广告等获取更多的信息。互联网的出现则使得消费者的这种自主"学习"的可能性大大增强，他们可以借助互联网快捷便利的互动功能（如搜索引擎）与众多企业、不同消费者进行消费信息的快速交流，通过多方面寻求可靠信息的帮助，最终确定所选购的商品。这表明：消费者选择商品的理智性在明显增强，消费心理日趋成熟。

（2）消费需求趋于个性化。消费心理的日趋成熟主要是由于消费者选择信息和学习信息的方式越来越先进和多样化，从而使其消费信心不断增强。当然，这同时也意味着消费者可寻求的自主消费空间也在不断扩大。在卖方市场年代，消费者选择商品的机会有限，对商品的信息也是一知半解，为了回避风险，跟随大流成为一种较为明智的购物选择。今天，消费商品供给极大丰富，同时伴随网络技术的发展，互联网为市场经济创造了广阔的发展空间和舞台，技术与信息资源共享性的增强，加速了产品和技术的大众化向个性化转化的进程。同时，网络经济下的消费者受教育程度和文化水平普遍提高，可供选择的商品面也得到极大的丰富，于是消费者的个性化需求开始凸显出来。消费者对于选择到自己称心如意的产品充满信心，个性化消费需求时代开始来临。

（3）决策方式借助新技术手段。随着科技的不断进步，高新技术的不断涌现和日渐普及使得消费者尽享科技带来的方便与快捷，尤其是在消费决策方式上，消费者借助各种新技术实现着自己不断变幻的梦想。互联网、有线电视、手机信息等新技术使得人们之间的信息交流已变得没有阻隔。现代的消费者正把马丁·路德·金的那句名言"我有一个梦想"变成"我正在实现一个梦想"。今天，新一代的年轻旅游者更乐于借助互联网等新技术途径充分享受"网游"的乐趣。在互联网的天地内，多姿多彩的大千世界通过"声、色、形、音"的多媒体方式向我们"飞奔"而来，遥远的异域风光第一次变得如此之近而又如此亲切逼真，一代伟人毛泽东在诗中写道的"坐地日行八万里，巡天遥看一千河"的梦境，正在现代旅游的消费方式中得到完美体现。

（三）旅游消费行为的特征

通常我们讲的旅游消费者有狭义和广义之分，狭义的旅游消费者是指在访问地停留一夜次以上，在旅行游览过程中为满足个人需要而购买和消费一切旅游产品和劳务的旅游者。广义的旅游消费者是指在旅行游览过程中为满足个人需要而购买和消费一切产品和劳务的游客，例如游客在游览过程中可能会因生病而购买和消费了医药产品。本书讲到的旅游者指的是狭义上的旅游消费者，探讨他们的消费行为仅局限于他们消费旅游产品和劳务的行为。

1. 旅游消费行为

张先生是某艺术院校的一位青年教师，他尤其爱好美术与摄影。借"五一"放长假的难得机会，他想和几位旅游与摄影爱好者好友一同外出来个自助五日游，顺便也写写生收集一些艺术素材，同时享受一下大自然，彻底放松放松心情。四月底开始，张先生和几位准备一同出游的朋友就分头通过网上查询、翻看报纸、观看专题旅游电视节目，以及向身边旅游经验丰富的同事朋友打听，并结合自己的个人爱好做了一个初步的旅游打算。他们一同商定以武夷山、黄山、泰山作为备选方案。在对自己的经济实力、出游时间、距离远近等因素全面权衡并与旅友反复探讨后，张先生一行最终确定去黄山进行自助旅游。"五一"的前一天，张先生一行的黄山五日"艺术写生游"正式启程，他们带足了干粮、租了一辆面包车便上路了。安徽境内前往黄山的沿途风景美不胜收，十分惬意。张先生他们白天吃干粮、拍照片，晚上或野营露宿山头、或在宽敞的旅行车内凑合一宿，美景尽情挥洒画中，艺术人生好不自在！

【评析】

这是一个最常见的旅游消费行为。无论是张先生和同伴之前的信息收集工作，还是对旅游路线的商定以及旅游过程的各种体验，都属于旅游消费行为。从决策到实施的过程体现了旅游消费行为的综合性、体验性等特点。同时，旅游者心理对旅游购买决策以及活动实施的影响也是显而易见的。

从张先生一行的旅游行为中，你能说出哪些属于旅游消费行为吗？

笔者认为，要比较清晰地理解旅游消费行为的概念，就必须全面地分析旅游消费涉及的以下方面：

一是旅游消费行为是以旅游产品为消费对象。有别于常见的单体产品，旅游产品是个综合概念，它是旅游者在旅游活动过程中购买所需要的商品和服务的总和。具体说，就是旅游活动所涉及的六要素（食、住、行、游、购、娱）产品和服务的综合。

二是旅游消费行为在旅游互动体验中完成。迪斯尼乐园在提供游客精神体验方面就是一个典范。在迪斯尼乐园，你随处可见米老鼠、唐老鸭、白雪公主等平时在电视里才能一见的可爱卡通人物，随处都洋溢着一种童话般的梦幻氛围。迪斯尼乐园让游客身临梦幻境地，获得了一种从未有过的全新的"童心"体验。

三是旅游消费行为是一种高层次精神需求。旅游消费产品较其他日常消费品来说，具有内涵丰富、档次较高、非生活必需的特点。旅游者出游的主要目的除了放松身心、轻松心情的生理需求外，还有陶冶情操、增长见识的心理需求等。无论是就旅游产品系列中较高层次的文化、生态旅游产品，还是较低层次的观光旅游产品，旅游者消费这些产品的目的或多或少都是为了提升个人视野、提高自我素质，从这个角度来说，正是旅游消费产品的高层次需求吸引了旅游者的消费行为。

通过以上分析，我们可将旅游消费行为的定义概括为：旅游消费行为是旅游者在一定外界条件的刺激下，为了满足个人消遣、健康、商务等较高层次需求而选择某类旅游产品，并通过与旅游产品和服务员互动体验完成购买和消费活动的决策与行动过程。

2. 旅游消费行为的发展趋势

（1）旅游消费内容正不断追求个性化。

现代消费的一个重要特征就是"新消费者"异军突起，成为消费市场的主力军。在计划经济时期，由于产品的匮乏，消费者受购买限制和约束而变得本分和顺从，乐意购买生产商生产的任何产品。随着社会经济的发展，在产品日益丰富的今天，消费者的选择余地增大，获取消费信息的手段多元化，自主学习意识不断加强，消费个性日益凸显。在旅游市场里，个性特征的宣扬及消费个性化业已成为一种时尚。在旅游产品的选择方面，一些新颖有趣的"特种旅游"正越来越受到各种旅游者的青睐和偏爱。例如这几年在我国悄然兴起的"民俗旅游""探险旅游""体育旅游""自行车旅游""摄影旅游""考察旅游""驾车旅游"等，都属于"特种旅游"。事实上，"特种旅游"这一概念的提出就充分反映了消费者的个性需求，它是旅游者怀着某种特定的兴致和目的，主动选择适合自己个性的旅游景点或者旅游方式。旅游者选择个性化的旅游消费方式主要是为了获得某种个性的肯定和自我价值的实现，这已经成了现代后工业社会和都市化进程中一种比较普遍的消费心理需求。它反映了现代人对模式化传统方式的厌倦和反叛，它已成为努力追求个性化生活方式的世界潮流中的一个组成部分和文化现象。新旅游消费者与传统旅游消费者的主要区别如下（见图1-2）。

（2）旅游消费方式倾向于自助化。

在现代旅游消费方式中，与个性化主张相对应的就是个性化自助旅游，自助旅游越来越受到人们的欢迎。一个地区接待自助游客数量的多少已成为这个地区旅游业成熟度的一个重要标志。随着旅游业的日益成熟，我国选择自助游方式的人数将越来越多，散客化趋势将越来越明显。携程、飞猪等OTA平台的交易量近年来呈井喷式增长，通过在线旅游服务商开展自助游正受到越来越多旅游者的青睐。携程网分析了旅游消费数据，发布的《2017年中国旅游者意愿调查报告》指出，三亚、大连、马尔代夫、夏威夷、俄罗斯等自助游线路最受自助旅游者欢迎。这些自助旅游者往往通过在线旅游服务机构来代办最难解决的住宿和机票，而其余项目则由自己安排，自由自在享受一个主动而快乐的假期。

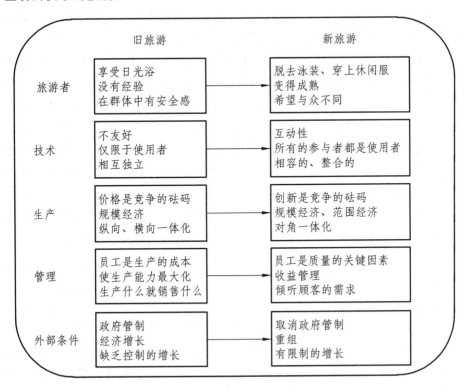

图 1-2 新旧旅游消费的对比

（3）旅游消费动机呈现出多样化。

旅游消费动机的多样化主要表现在：

第一，不同国家或地区旅游者的旅游消费动机各不相同。例如国外旅游者游览我们国家的主要动机是欣赏中华上下五千年的悠久历史文化古迹，参观中国现代化建设的成就，了解中国人民的生活方式、风土人情等。我国港、澳、台同胞大多从乡土观念出发，探亲访友、寻根问祖，以社会交往为主要旅游动机。而国内旅游者主要是出于文化（了解异域风情）、健康（康体休闲、散散心）、社交（朋友之间走动与联谊）等动机。

第二，不同年龄的旅游者的旅游消费动机呈现出明显差异。年轻人好奇心强，喜欢冒险、猎奇；中年人成熟老练，追求知识和专业爱好；老年人饱经沧桑，怀旧心理重，多喜欢故地重游，探亲访友。

第三，不同性别的旅游者的旅游动机迥然不同。不同性别的人其价值观、参与活动的性别指向不同，因此在旅游消费过程中所表现出来的动机就存在明显差异。如成年男性外出旅游多是以娱乐、交友、探险、猎奇为目的；而成年女性外出旅游的兴趣则多在了解风土人情、旅游购物等内容。

（4）旅游消费层次不断向高端化发展。

旅游消费一般表现为三个层次：基础层、提高层和发展层（见图 1-3）。现代旅游的消费者大多数具备较高的文化素质，他们自主消费意识强，旅游消费心态成熟，对旅游消费有比较清醒的认识和较高的期望。除了欣赏美丽的大自然风光外，他们更愿意通过参与一些旅游活动来获取知识、陶冶身心、提高自身素质，这也正是现代人文特色旅游项目越来越火爆的原因之一。随着现代旅游者消费意识的不断成熟，其旅游消费层次也在不断提高。目前，一般基础层次的观光型旅游正在逐步减少，而属于提高层次和发展层次的文化旅游、生态旅游、森林旅游以及其他一些有特色的旅游项目越来越多，这些专项旅游已越来越为国内外游客所喜爱。例如，中国大型主题公园的经典——深圳华侨城以绚丽多彩的民俗风情、如梦如幻的异域风光、欢乐无比的童心体验为卖点，长期以来一直吸引着大批的中外游客，取得了巨大的成功。究其原因，这是因为富有参与性和专题特色的文化体验型旅游顺应了当代旅游消费发展的必然趋势。具体来讲：深圳华侨城的第一阶段产品——锦绣中华是中华民族锦秀河山的荟萃和缩影，生动地再现了中国各民族风格迥异的建筑、生活习俗和风土人情。"一步迈进历史，一日畅游中国"是锦绣中华的生动写照。但锦绣中华是纯静态观光型产品，随着旅游者消费意识的不断发展，深圳华侨城积极顺应旅游者消费需求，相继开发出动态表演型旅游产品——民俗文化村（荟萃各民族民间艺术、民俗风情和民居建筑于一园的大型文化旅游景区）。民族村寨的风情表演、中心剧场的民族歌舞和民族文化广场的大型广场艺术会演，从三个不同层次将民族歌舞艺术的神韵展示得淋漓尽致。随后又及时推出了让国人可以大饱眼福、放眼世界增长知识的旅游产品——世界之窗。近年来，深圳华侨城更是充分把握旅游消费的时代脉搏，以大手笔推出了让游客可以随心所欲全身心参与体验的旅游产品——欢乐谷，又一次引领了中国主题公园旅游的消费新潮流。

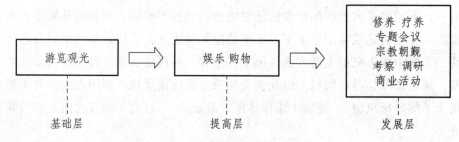

图 1-3 旅游消费的行为层次

（5）旅游消费决策行为日趋成熟和理性化。

随着我国旅游业的转型升级，以大数据、云计算和移动互联为代表的技术进步正在不断地拓展旅游服务和旅游消费创新的边界。大量的研究资料显示，进入 21 世纪后，旅游者的旅游消费需求发生了显著变化。一是旅游市场更为成熟。在文化与旅游部和地方政府的大力推动下，全国大部分 4A、5A 景区不断完善智慧旅游系统，通过发布旅游产品信息、加强旅游预报、监测旅游数据、强化旅游预警和加强指挥调度，引导游客理性出行。二是出游方式更加多元和理性。游客借助移动互联网获得丰富的旅游信息，在选择出行时间、旅游目的地、出行方式等方面更加理性。三是旅游组织方式发生了显著变化。高度定制化的自由行取代标准化的团队游成为旅游者最主要的旅游方式，散客化已经取代跟团游成为主要的旅游组织方式。四是旅游消费行为高端化。游客旅游需求多样化、个性化和旅游行为开始由传统单一型观光游览向休闲娱乐度假多元复合型转变。

3. 旅游消费行为的表现

由于历史传统、文化背景、社会制度、民族特点等方面的差异，不同国家和民族的旅游者往往具有不同的旅游行为。在这方面，青岛大学的马波曾对中西传统文化背景下的旅游消费行为进行了比较研究。其要点如下：

（1）旅游动机的差异。

中国人对于单一性的需求——寻求平衡、和谐、相同、没有冲突和可预见性的倾向比较明显，而对多样性的需求程度远逊于西方人。中国传统文化的特点，决定了中国人缺乏冒险的旅游动机。西方民族强烈的探索意识是有历史传统的，并且发展到了不惜冒险的程度。如果说西方人通过旅游寻求刺激的感官享受，从探求征服中获得以自我为主体的人生价值的话，中国人则旨在通过休闲，从回归自然中寻找飘飘然的快意，在天人合一、物我交融中得到心灵的慰藉。

（2）目的地选择上的差异。

中国人信奉天人合一，喜欢小桥流水、田园风光、波澜不惊的平和景观。西方人信奉天人对立的自然价值观，凡是个性突出的目的地或景观，西方人一般颇感兴趣。

（3）选择旅游目的地的决策方式差异。

很多中国人具有较强的重视群体的传统观念，容易听从他人的意见和融入社会流行风尚的潮流中。而西方旅游者在选择目的地时一般较少受他人的支配和影响。

（4）旅游组织形式上的差异。

因有强烈的群体意识和排斥冒险的性格，中国人在出境旅游和国内长距离旅游中，多喜欢组团的形式，认为这样可以相互照顾，有安全感；近距离旅游则往往同家人或亲友同行，个人单独外出旅游的现象比较少见。

第二节　旅游消费的内外影响因素

旅游者在旅游产品购买和消费的整个行为过程中，往往会受到各种内部和外部因素的影响。这些影响因素不仅对旅游者决策产生重要影响，而且对其消费行为也具有重要的作用。

一、旅游消费的外部环境因素

旅游消费的外部环境影响主要是指外部社会经济环境造成的对旅游者行为的影响。一般可将旅游者的家庭、参考群体、角色地位、社会阶层、文化及亚文化群体等归为影响其旅游决策行为的外部因素。

（1）家庭。家庭是对消费者的决策有最大影响力的群体。从市场营销的观点看，许多产品的需求水平是由家庭的数目而不是由人员的数量所决定的，如在娱乐活动中大约有三分之二以上是家庭性质的；在文化闲暇活动中有近百分之四十是以家庭为基础的。由于家庭与旅游者行为联系十分紧密，因此在旅游活动过程中，家庭是影响旅游者行为的主导因素。

（2）参考群体。参考群体即对旅游者的决策、行为和评价等具有重要影响的相关个人或群体。不同的参考群体在不同时间内或不同的情境下，影响着旅游者的信念、态度和行为。如某位潜在旅游者看到自己的同事或好朋友都去某地旅游，并且游后评价不错，于是受这些参考群体的影响，他很可能下次出游的首选地点就是该旅游地。

（3）角色地位。角色地位是指旅游者个体在特定社会和群体中所处的位置。在旅游活动中，旅游者的角色地位同他在家里可能大相径庭，如一个人决定驾车带全家出去旅游，在整个旅游活动过程中，他除承担司机角色外，还可能承担导游及汽车修理工的角色；而如果他决定带全家乘坐飞机或轮船外出旅游，他就不再担任司机和汽车修理工的角色，而可能担任导游、决策者之类的角色。

（4）社会阶层。社会阶层是指在一个社会中具有相对同质性的群体，并且这一群体是按照等级排列的，每一阶层成员具有类似的价值观、兴趣爱好和行为方式。在旅游活动上，不同社会阶层的旅游者显示出不同的旅游产品偏好和旅游目的地偏好，其消费行为也具有不同的特点。

（5）文化群体。文化群体是指具有相同的信念和价值的人群。不同的文化群体对旅游者行为的决策具有不同的影响。在旅游市场上，与文化偏好一致的旅游产品和服务，更有可能被旅游者所接受。每一文化群体又包含着能为其群体成员提供更为具体的认同感和社会化特征的内涵，并形成次一级的亚文化群体。亚文化群体包括民族亚文化群体、宗教亚文化群体、年龄亚文化群体和地域亚文化群体等。在休闲和旅游活动中，一种亚文化群体要寻求的利益并不完全等同于处于支配地位的文化群体所寻求的利益。

二、旅游消费的内部心理因素

影响旅游者消费的内部心理因素，主要指旅游者个人的主观心理因素所造成的对旅游行为的影响因素。影响旅游者行为的个人主观心理因素很多，一般包括知觉、需要、动机、个性、态度、学习等方面。

（1）知觉。

知觉是指人们对旅游产品和服务的各种不同属性、不同部分及其相互关系的综合认知和反映。旅游者选择旅游活动对象时所发生的认知和主观判断取决于许多因素，其中最重要的是对每个旅游活动对象的知觉，即它是否具有满足旅游者需要并为旅游者所认识的特征，是否具有激发旅游者动机和行为的能力。因此，对旅游者知觉的分析和研究是理解和掌握旅游者心理的重要开端。

（2）需要。

需要是指旅游者或潜在旅游者对某种旅游产品的渴求或欲望，它是旅游者的一种潜在需求，即旅游者自身感到缺少某些东西，又期望得到某些东西的一种心理现象。旅游需要一般具有以下特征：① 对象性，即需要总是对一定事物的渴求或欲望；② 个性与多样性，即不同的旅游者有不同的旅游需要，必然造成旅游需求的个性与多样性并存的情况；③ 伸缩性，即旅游者的旅游需要会随着条件的变化而增加或减少；④ 可诱导性，即旅游者的需要会受外部各种旅游信息的刺激影响而发生变化；⑤ 驱动性，即旅游者产生需要时就会产生不安与紧张情绪，进而推动其从事旅游活动以寻求心理平衡。

（3）动机。

动机是指直接推动旅游者进行旅游活动的内在动力。旅游者的行为由旅游动机所引起并受其支配，而旅游动机又产生于旅游需要。旅游者的旅游动机是复杂多样的，既有求实、求新、求名、求美、求知等心理动机，又有探亲访友、文化寻访、科考探险、康体健身等社会与生理动机。因此，旅游经营者和市场营销人员在制订旅游产品经营和销售计划时，就应考虑各种类型旅游者的不同旅游动机，相应安排多种类型的旅游产品和服务，以满足不同类型旅游者的旅游需要。

（4）个性。

个性是一种复杂的心理现象，它指属于旅游者个人独有的心理定式，以及这种心理定式对环境的反应所形成并一贯保持的行为倾向。通常，不同性格的旅游者的旅游行为存在很大的差异。旅游市场上，不同旅游者对不同旅游产品和服务选择的差异性，就是旅游者自身个性差别导致的结果，即旅游者认同旅游产品和服务与自身需要的一致性。

（5）态度。

态度是指旅游者对某个旅游产品或旅游地的一种稳定的看法和倾向。态度对每个旅游者都很重要，因为它比较准确地反映了旅游活动中，旅游者在特定情况下可能产生的旅游行为，尤其是旅游者对相互竞争的旅游产品和服务所持的态度，往往是旅游经营者和市场营销人员关注的焦点。因此，对旅游者态度的调查、分析和研究是十分重要的。

（6）学习。

学习是指根据日常经验而产生的旅游者行为中相对持续不断的变化状态。通常，在旅游活动中，旅游者既是消费者，又是问题的解决者，旅游者要解决各种各样的旅游问题，如去什么地方旅游、什么时间出发、怎么去、逗留多少时间、选择什么样的饭店住宿等。因此，购买旅游产品其实就是一种学习的过程，就是购买一种新的体验，而在这种全新的体验过程中，旅游者必须适应许多环境的变化。因此，旅游学习的过程就是旅游者满足自身需要和适应环境变化的过程。

第三节　旅游消费行为的过程

一、旅游产品与旅游者决策过程

前文已经讨论了影响旅游者行为的动机和决定因素，本节将购买决策过程作为一个整体加以讨论。在讨论之前，我们先要了解一下旅游者所购买旅游产品的特点。旅游产品非常复杂，通常包含两个层次：

（1）包价度假产品，它是不同部门提供的单项产品的组合，如住宿、交通、旅游度假地和旅游吸引物等；

（2）单项旅游产品，它是单个部门提供的，它们可以被单独出售，例如飞机票或者一日游中的主题公园游览。

（一）旅游产品

1. 旅游产品的特性

服务是旅游产品价值的核心。服务产品与实物产品相比，具有以下特点：

（1）无形性（Intangibility）。

无形性指与有形的消费品或产业用品比较，服务的特质及组成元素往往是无形无质的，让人不能触摸或不能凭肉眼看见其存在。这一特性使得服务不易于评价和验证。旅游企业为了克服这个问题，经常会通过向消费者提供旅游度假胜地的影像资料，使得一种旅游经历看起来更"真实"。例如，故宫利用先进的虚拟现实技术实现了让人们在网上游故宫。尽管如此，由于旅游服务的无形性特点，消费者在选择旅游产品时，仍然承担着许多风险。

（2）不可分离性（Inseparability）。

不可分离性是指服务具有生产和消费同时性的特点。从纯粹的角度来看，服务是供给者和消费者面对面进行的。这一点会影响消费者的购买行为，也就是意味着消费者会根据他们的经历来改变他们的行为方式。

（3）异质性（Heterogeneity）。

对于旅游供给者来说，让他们在所有消费时间内提供同等水平的服务是非常困难的。消费者自身的心情和意愿也会影响他或她对服务的评价——可能每次的评价都不相同，这就意味着消费者在购买旅游产品时很难评价旅游经历的潜在质量。同时，也意味着消费者仅仅依赖以往的经验来决定重复购买是危险的。也许过去的经历是令人愉悦的，但这次却截然相反。而且，他们会改变和持有不同的知觉和期望。同样的，服务也会随时间而变化。

（4）不可贮存性（Perishability）。

不可贮存性，这一特性要求服务企业必须解决由缺乏库存所引起的产品供求不平衡的问题。

（5）所有权的不可转移性（Absence of Ownership）。

消费者只有在购买服务的时候才可以参与活动或使用设施。在交易结束后，他们不拥有任何东西。服务通常会带给消费者满意的感受而不是实物产品的所有权。这就意味着在服务的购买当中，感情的因素意义重大。

2. 旅游消费者行为的复杂性

旅游产品的购买过程显然要比快速消费品（FMCG）的购买过程复杂得多。这个过程包括更为复杂的决策，更长的决策时间以及更高的承诺。

（二）旅游者的决策过程

由于多种因素的作用，最终决定购买一项旅游产品的决策是一个复杂过程的结果。另外，就旅游产品本身而言，其多样性和相互联系、相互依赖的特点也决定了旅游购买决策是一种复杂的现象。这一点可以体现在旅游者在进行购买旅游产品决策时，需要考虑的各个方面，如表 1-1 所示。

表 1-1　购买旅游度假产品时的决策清单

● 选择哪个旅游目的地？——包括国家、地区、旅游度假胜地
● 选用何种旅行交通方式？——定期航线、包机航线、游船、火车、长途汽车、自驾车、巴士
● 选择何种住宿设施？——入住或不入住酒店、豪华型/标准星级酒店或经济型酒店
● 度假所需时间？——×天或×星期
● 选择何时出游度假？——季节、月份、具体日期
● 购买包价还是单项旅游产品？——机票、酒店、景点
● 选择哪家旅游经营商？——经营包价旅游的旅行社或公司

旅游者决策的复杂性还体现在决定购买一个旅游度假产品并不是旅游者必须完成的最终决策。因为，一旦他们决定去旅游，就不得不做出一系列有关未来到达旅游目的地之后活动规划的决策。例如，他们必须决定怎样度过每一天，以及在哪儿吃饭等诸如此类的问题，每一个看似简单的决策实际上是一个复杂决策过程的结果。

二、旅游购买决策和旅游营销

旅游营销专家已经越来越意识到了解消费者的购买决策过程非常必要，但目前旅游企业对消费者行为的探索工作只是刚刚开始。因此，如果旅游心理学所提出的模型和研究结论能够被旅游营销从业人员实际采用的话，那将非常具有实践意义，因为这将会帮助营销从业人员有效地设计出营销计划，这些营销计划包括：

（1）旅游企业应该在何时去影响消费者。换句话说，应该将营销活动集中在绝大多数消费者决定购买某项产品的时候。

（2）应该选择何种广告媒体才能有效。这需要全面细致地了解目前绝大多数消费者是通过何种媒体来获得有关旅游产品的信息的。

（3）旅游这种特殊产品应该选择哪种合适的分销渠道或营销中介来进行推广和销售。那些准备采用这些心理模型，并将其用于指导旅游市场营销实践活动的从业人员还必须了解这些模型与市场细分技术是否相关。因为，目前的市场细分技术也是依照不同旅游者的特点来解释旅游消费者购买决策的。具体来讲，市场细分就是将消费人群划分成不同亚群体（或者说细分市场），属于同一个细分市场的消费者具有相同的购买和需求特点。在一个细分市场中的每一个人，在做购买决策时都主要受到一系列因素的影响。根据经典的市场营销理论，这些影响因素可以被分为四类，内容分别如下：

①人口统计因素。例如：年龄、性别、种族、所处家庭的生命周期。

②地理因素。例如：旅游者居住的地方。

③心理因素。例如：旅游者的个性和生活方式。

④行为因素。例如：旅游者跟产品的关系。他们期望从购买中获得一些利益，或者，他们是第一次购买这个产品还是只是常规购买。

传统的旅游市场营销非常依赖市场细分，而在以上四个方面，正是心理因素在旅游购买决策过程中起到了非常重要的作用。也许，心理分析并不能帮助我们去完全识别或预测每一个旅游者的行为，但是从影响旅游消费者的内外部因素入手，建立对旅游者消费行为的认识框架，将对我们全面了解旅游者的行为以及有效地实施旅游市场营销指引明确方向。

◇ **本章小结**

本章分析了旅游者的消费行为与旅游度假产品的购买决策过程，同时还建立了一个解释旅游消费行为的外部环境因素与内部心理因素的分析框架。通过这个分析框架，我们将逐步揭示出旅游消费行为背后的心理背景的全貌，并将为有效的旅游市场营销策略提供启示。

◇ 核心概念和观点

消费者；消费者价值；消费者行为；旅游者；旅游消费者；旅游消费行为。

★消费者购买和消费商品，并不是仅仅针对消费商品本身，其目的是购买和消费这件商品/服务带给自己的某种利益。

★旅游者在购买和消费旅游产品的整个行为过程中，往往会受到各种内部和外部因素的影响。

★从影响旅游消费者的内外部因素入手，建立对旅游者消费行为的认识框架，将对我们全面了解旅游者的行为以及有效地实施旅游市场营销指引明确方向。

◇ 思考题

1. 为什么说旅游购买决策是一个复杂的活动，请列举内外部影响因素。
2. 本章对目前旅游企业的市场营销有何启示？
3. 旅游消费者行为趋势主要有哪些表现？这对我们开发旅游产品有何启示？

第二章　认知与旅游行为

【学习目标】

□知识目标：掌握知觉、心理定式等心理学重要概念，了解知觉的选择性、知觉的组织性、首因效应、晕轮效应、经验效应与刻板印象对旅游者知觉行为的影响，了解旅游者对各种旅游条件的认知。

□技能目标：了解如何合理恰当地利用知觉的规律吸引顾客，掌握在旅游经营过程中把握游客心理，展开有针对性的经营技巧。

□能力目标：通过掌握旅游者知觉对旅游行为的影响特征，能灵活运用各种规律提升旅游者对旅游目的地的感知形象，指导旅游目的地的旅游发展。

第一节　旅游者的知觉规律

一、知觉概述

知觉是客观事物直接作用于人的感觉器官，人脑中产生对这些事物各部分和属性的整体反映。知觉可以被描述为理解世界的过程，这个过程是个体接受、选择、组织和解释刺激，形成一种有意义的与外部世界相一致的心理画面的过程。例如，当我们抵达云南时，看到如画的美景、听到悦耳的葫芦丝、感受到多姿多彩的民族风情，我们的头脑中就产生了云南四季如花、民俗风情绚丽多彩的整体形象。

心理学研究认为，知觉过程是一个复杂的过程，它要经过生理和心理两个过程。一个人在感知某一事物时，首先要通过感官（如眼、耳等）感知对象（生理历程），然后在头脑中形成一种印象（感觉）。这种印象又与感知者已有的认识体验构成经验表象、行为感情、是否愉快等各种体验，紧接着这种先行经验的观念又向对象方向转移结果，形成一个有意义的心理画面，即知觉。

知觉是主体对客体的感知过程，并受到知觉对象特点及知觉者的先行经验的影响。所以说世界上没有哪两个人所知觉到的世界是一模一样的。如苏州的拙政园，园林专家和普通旅游者的知觉印象绝对不同。在园林专家看来，拙政园完全不同于其他园林，是一件瑰丽的艺术作品，园林的分割和布局非常巧妙。它把有限的空间进行分割，充分采用了借景和对景等造园艺术，文化气息浓厚，处处诗情画意；相反，对普通旅游者而言，拙政园与苏州其他园林并无多大实质性差别。

二、知觉的基本规律

（一）知觉的选择性

当人们按照某种需要、目的，主动地、有意识地选择少数事物作为知觉对象，或无意地被某种事物所吸引，以它作为知觉对象，就会对这些事物产生鲜明清晰的知觉印象，而周围的事物则成为知觉的背景，其知觉印象比较模糊，这就是知觉的选择性。被选择的对象可以是事物的整体，也可以是事物的某一部分。不同类型的旅游者，其旅游需求和目的不同，在旅游过程中选择的知觉对象也就不同。有人注意青山绿水，有人注意人文古迹；有人喜欢安全系数大的旅游项目，有人喜欢冒险性强的旅游项目。历史考古型的旅游者，可能把古代的残砖片瓦看得比一座现代化的游乐场还重要；而商务型的旅游者会认为交通、通讯便捷的饭店的价值高于名山大川。假如这些人同游一个旅游景区，那就会各自分别形成关于这一旅游景区的知觉印象。

在日常生活中，人们往往把注意力集中在自己认为重要的东西上，但是，在旅游活动中，人们常常会背离这种倾向。旅游者通常会降低自己的知觉选择性，尽可能多地把各种事物纳入知觉范围，扩大知觉对象，体验日常生活中没有或无法体验到的多姿多彩的人生乐趣。但是，由于感官功能和停留时间的限制，即使最大限度地降低知觉选择性，刺激的无限性和知觉选择性的矛盾也依然存在。为了解决这个问题，旅游者往往借助各种媒介，如导游手册、明信片、书籍、照相机、录像机、旅行日记等，记录当时无法深入感知的事物，以供事后欣赏。

（二）知觉的组织性

知觉的组织性指人们对旅游环境中的刺激进行选择时，并非零乱无系统的，而是倾向于把它们组合成一个整体，或一个有意义的东西。常见的有关知觉组织性的原则有三条。

1. 接近原则

接近原则是指在感知各种刺激物时，彼此相互接近的刺激物比彼此相隔较远的刺激物更容易组合在一起，构成知觉对象。这种接近可以是空间上的接近，也可以是时间上的接近。在实际的旅游活动中，人们倾向于将地理位置接近的旅游点，如杭州、上海、苏州、无锡、南京等视为同一个浏览区，将天津与北京、桂林与阳朔视作一个整体。

2. 相似原则

相似原则是指人们在感知各种刺激物时，容易将具有相似自然属性的事物组合在一起，即将相似的物体集成系列，从而产生一个统一的整体。如图 2-1 所示的被知觉为四组的地方。同样，在旅游活动中，许多旅游者倾向于把江西庐山、安徽黄山、浙江天目山视为同一类型的旅游地，尽管这三个地方各有其独特之处，但人们还是认为它们同是高山避暑胜地。

				华山	泰山	黄山
·	○	▲	◇	西湖	太湖	巢湖
·	○	▲	◇	黄河	长江	黑龙江
·	○	▲	◇	少林寺	灵隐寺	白马寺

图 2-1　知觉的相似原则

3. 封闭原则

封闭原则是指若干个刺激共同包围一个空间，有形成同一知觉形态的倾向。如图 2-2 所示。人有闭合的需要，当知觉刺激中的特征并不十分清楚地显示彼此之间的关系时，人们都会自觉不自觉地根据以往的经验主观地增添或减少缺失的部分，使它成为一个完整的图景表现出来。例如"上有天堂，下有苏杭"这句话已被人们熟悉，只要说出上半句，人们自然会联想到下半句。对于旅游饭店和旅行社而言，如果他们的关键形象和宣传口号被人们所熟悉，只要提到上半句，旅游者就很自然想到下半句，这无疑十分有利于旅游企业开展营销工作。

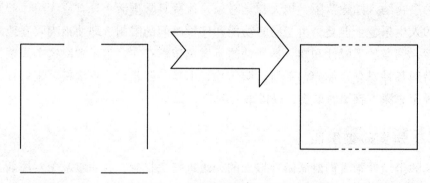

图 2-2　知觉的封闭原则

（三）知觉的解释性

知觉是在过去的知识和经验的基础上产生的，所以对事物的理解是知觉的必要条件。所谓知觉的解释性即指人们根据自身的知识与经验对感知的事物进行加工分析，利用概念的形成把它们标识出来。人们对刺激的解释完全是一个个体过程。它是建筑在个体先前经验、知觉的动机和兴趣的基础上的。刺激常常是模棱两可的，有时可能处在变化之中，往往使人难以认清它的真面目。理解性使人的知觉过程更加迅速，节约感知的时间和工作量，同时使知觉印象更加准确完整。在这种情况下，个人的经验以及与别人的交往，常常会提供解释刺激的范围或备择方案。

知觉的解释性在旅游者旅游中有着十分重要的意义。它会使旅游富于乐趣，收获更广、更多。自然的山水原本是没有意义的，但经过旅游产业的加工就变得有旅游意义了。如北京房山著名的"石花洞"，对有些特殊的钟乳石进行神话式、拟人式、拟物式的理解就使游客游兴大发。越是经常旅游，就越能增强对旅游的理解性。

第二节　知觉中的心理定式

心理定式指心理上的"定向趋势"。它是由一定心理活动所形成的准备状态。心理定式是导致知觉歪曲的影响因素。实践表明能对旅游行为产生影响的心理定式因素主要有以下几种类型。

1. 首次效应

当一个人第一次进入一个新的旅游地，第一次和当地人接触，第一次品尝地方风味，第一次游览某一名胜，便留下了深刻印象、形成了一种心理定式，而且难以改变，这种现象称为首次效应或第一印象。首次效应先入为主，实际上已戴上"有色眼镜"。在今后的一切活动中，人们常会不自觉地将当前的印象同第一印象相联系。如果第一印象良好，对以后不良印象也不觉得反感。如果第一印象不好，以后良好的印象也会相形失色。

当人们游览某一景点得到了一个良好的印象时，他会对该地区所有的景点产生良好的印象。当人们在某个景点受到某个服务员热情的服务时，他得到的印象不仅包括这个服务员，还包括这个景点所有的服务人员。正由于第一印象的这种层次性、广泛性和推延性特点，所以难免以偏概全，妨碍人们准确地感知事物。当我们认清首次效应的这一特点之后，作为旅游业工作者，在第一次与旅游者接触时，应努力树立自己的良好形象，千万不能以某种不足影响旅游者对旅游产品和服务的知觉。

2. 晕轮效应

晕轮效应指的是从对象的某种特征推及对象的整体特征，从而产生美化或丑化对象的印象。晕轮效应意指它像月晕一样，会在真实的现象面前产生一种假象：当人们隔着云雾看月时，由于光线的折射，人们会在月亮的外层看到一个实际并不存在的光环。

如果说首次效应是从时间上说的，由于前面的印象深刻，后面的印象成为前面印象的补充，那么，晕轮效应则是从内容上说的，由于对对象的部分特征印象深刻，这部分印象泛化为全部印象。因此从本质上说，这两种效应都带有强烈的主观色彩，常常是一叶障目，只见树木不见森林。所以，晕轮效应的主要特点是以点带面、以偏概全。

在人际交往中，晕轮现象既有美化对象的作用，也有丑化对象的作用。如果一个人被标明是好的，他就被一种积极肯定的光环笼罩，并被赋予一切好的品质，这就是光环的作用。如果一个人被标明是坏的，他就被认为具有所有坏的品质，这就是相反的情况，亦称"扫帚星作用"。就像月晕一样，由于光环的虚幻印象，使人看不清对方的真实面目。

比如，有的商品由于包装精美，价格偏高，人们往往认为该产品的质量也会像精美的包装一样好，会和偏高的价格一致。又如，某位演员演技高、表演效果好，人们就会以为该演员的一切都是美好的，即使有点缺点，也忽略不计。客人第一次到某饭店就餐时，碰到了一个态度傲慢的服务员，他就会想当然地认为饭店整体服务都不好。再比如，有的外国游客第一次到中国旅游，碰巧遇上了交通事故，他可能就会认为在中国旅游很不安全。因此，从旅游业角度讲，为了使旅游者对旅游业产生一个好的印象，在提供旅游产品的服务时，要避免由于晕轮效应使旅游者把某些劣质产品和低劣服务扩大到企业的整个产品和服务中去。当然，对旅游业来说，一定要提供优质产品和优质服务，使人们同样通过晕轮效应把企业的整个产品和服务视为优质。但要注意，绝不能利用旅游者的晕轮效应来蒙骗和坑害旅游者。

3. 经验效应

在社会知觉中，人们经常受以前经验模式的影响，产生一种不自觉的心理活动的准备状态，在头脑中形成一定的思维定势，按照固定的思路去思考问题，这种现象称为经验效应。经验效应指的是个体凭借以往的经验进行认识、判断、决策、行动的心理活动方式。经验应当说是一种财富，但也可以说是一种包袱。一般来说，经验越丰富，认识越深刻。但经验又有局限性的一面，不考虑时间、地点照搬套用，在知觉事物时往往会出现偏差。当代社会，由于高科技的应用，使得很多产品和服务与以往相比发生了巨大变化。在此情势之下，人们如果仍用过去的经验来决策和处理一些问题，很可能会做出错误的判断。如果不及时充实经验、更新经验、发展经验，照样会跟不上时代的步伐。如果死守过去的经验，必然不能对当前变化了的事物正确知觉，很可能会上当受骗或失去良机。

4. 刻板印象

刻板印象指的是社会上部分人对某类事物或人所持的共同的、固定的、笼统的看法和印象。这种印象不是一种个体现象，它反映的是群体的"共识"。比如，许多人认为日本人争强好胜，有自制力，注重礼仪，讲究礼貌；英国人冷静，寡言少语，有绅士风度；法国人爽朗，热情，喜欢与人交谈，比较乐观；德国人较勤勉，有朝气，守纪律，爱音乐；美国人喜欢新奇，重实利，比较随便和自由。刻板印象一方面有助于人们对众多人的特征做概括了解，因为每一类人都会有一些共同特征，运用这些共同特征去观察每一类人中的个别人，有时确实是知觉别人的一条有效途径。但是，另一方面，刻板印象具有明显的局限性，能使人的知觉产生偏差。我们应该认识到，每类人中的每个人的具体情况不尽相同，而且，每类人的情况也会随着社会条件的变化而变化。因此，在旅游工作中，知觉来自不同国家和地区的游客时，除了了解他们的共同特征之外，还应当注意不受刻板印象的影响，进行具体的观察和了解，并且注意纠正错误的、过时的旧观念。刻板印象是呆板而没有变通的印象，具有明显的局限性，但就概括本身应视为认识上的进步。刻板印象对旅游者来说应是一种知人、识事、辨物的手段，有助于他在旅游活动中的决策。对旅游业来说，它可以为我们知觉某一国家、地区的旅游者提供一个基本的情况，有助于确定提供何种类型的产品和服务。

第三节　旅游条件的认知

对旅游来说，旅游活动的时间、旅游地之间的距离、旅游交通工具、旅游目的地等都是实现旅游活动的重要条件。旅游者对旅游条件的知觉印象，对具体的旅游决策、旅游行为、旅游收获的评价等都有显著的影响。

一、对旅游时间的认知

一定的闲暇时间是旅游活动顺利进行的基本保证。旅游行为发生在特定的情景之中，它与旅游动机密切相关。旅游者对旅游活动时间知觉的要求常因动机不同而有所不同。旅游活动对时间知觉总的要求是：旅途要快、浏览要慢、活动要准时。

1. 旅途要快

旅途要快即要用较短的时间完成由甲地到乙地的行程。在激烈竞争的社会里，时间就是金钱。在有限的闲暇时间内，人们要完成计划中所有的地点、项目和内容，就要设法缩短无意义的时间和空间距离，否则就会浪费金钱。为此，我们常见到人们在旅游时喜欢乘飞机而不愿意坐火车，愿意乘快车而不愿意坐慢车，愿意乘直达目的地的车而不愿意中途多次换乘。

2. 游览要慢

游览要慢，即活动时间要充足，能从容地观赏，能有时间慢慢地体味。如果把旅行作为旅游的一种手段，那么，游览观赏则是旅游要达到的目的。为此，游览内容越丰富，就越发使人不惜时间去观赏，就越要从其他方面去挤时间。

3. 活动要准时

要求活动要准时，一方面有计划的原因，另一方面则是时间的压力。按常规理解，既然是闲暇时间，似乎就不存在压力。其实并非如此，在现代社会，大多数人已养成守时的习惯，对闲暇时间的不合理使用可能会引起人们内心的种种不安。因此，活动的不准时，可能会使人感到浪费了时间。

总之，旅游产品的每一个方面都与旅游者的时间知觉有关。如果旅游者把旅途和目的地并重而看，他会悠闲自得地朝着目的地前进。如果他想尽量多走多看一些地方，他就会平分时间，采取走马观花式的旅游。如果他以度假为目的，他将匆匆赶到一个度假地，把更多的时间消耗在那里。如果他以探险为目的，他会把时间重点放在行程本身。

二、对旅游空间距离的认知

人们要去旅游，首先就要跨越从居住地到旅游区的距离，而距离的远近也常是人们做出旅游决策的重要影响因素之一。旅游行为发生在特定的时间和空间之中，旅游既可以用时间来计算也可以用空间距离来度量。不论旅游者用什么标准来计算距离，具体的距离知觉都会影响旅游者的动机、态度决策以及随之而来的旅游行为。距离知觉对旅游行为的影响，主要表现为两个方面。

1. 对旅游行为的阻止作用

旅游是需要付出代价的消费行为，距离越远，要付出的金钱、时间、身体、生活舒适与方便，甚至是情感等代价就越大。阻止作用就是"距离摩擦力"，会随着距离的增加而增大，抑制人们的旅游动机，阻止旅游行为的发生。旅游距离知觉的阻止作用主要体现在以下几个方面：

（1）经济方面：距离越远的旅行无疑花费越多，所以一个国家的出境旅游状况是一国财富的象征。

（2）时间方面：对于抱着时间就是金钱观念的现代人来说，远距离，特别是偏僻的、交通时间长的地方就容易产生阻止作用。

（3）身体是否能适应：旅游需要耗费体力，旅游时的身体消耗比平时上班时要多得多，而且要适应时差、饮食、水土、气候等多方面因素的变化。

（4）生活方便程度：远距离旅行需要携带的物品可能很多，如更换的衣服等。另外，语言和风俗的不同也可能成为不便因素。

（5）安全方面：比如生活在北京的人去长城游玩与去距离较远的外地的安全感是不同的。

只有当旅游者意识到从旅游行为中获得的收益大于所要付出的代价时，他们才会做出有关旅游的决策。距离对旅游的这种阻止作用，从某种意义上解释了国际旅游者少于国内旅游者，远距离旅游旅游者少于近距离旅游者。如我国国际客源市场中，日本游客比例高于同属经济发达国家的美国和西欧等国家和地区，距离便是不可忽视的因素。在国内旅游中，上海人休假多去苏杭，而去桂林、西安则较少，距离便是其重要的考虑因素。

2. 对旅游行为的激励作用

从另外一个角度来看，距离越远的旅游目的地对人越有吸引力。"天那边""在那遥远的地方""天涯海角"等都曾经是人们向往的地方，遥远的异乡能激发人们的好奇心、神秘感。当人们知觉到距离遥远时，既可能阻止旅游行为的产生，也可能激励旅游行为的产生。有关调查表明，距离遥远激励人们旅游行为的产生尤以观光目的的旅游作用最大。心理学研究发现，远距离的旅游地会使人产生一种神秘感，而人类具有探索未知世界的意识和强烈的愿望，从而使神秘反而构成了远距离旅游区的独特吸引力，给人更多的新奇和多样性的希望。这种神秘感产生一种吸引力量与阻力相对抗。这种吸引力远超距离摩擦力的阻止作用时，就会把人们吸引到遥远的地方去旅游。在20世纪80年代中国刚刚开放之时，外国游客蜂拥而至，就是被古老、遥远、神秘的东方文化吸引，使他们远涉重洋来到中国观光游览。

对于两个旅游环境大致相同而距离不同的旅游地来说，一方面，距离摩擦的因素会使人选择较近的旅游地；另一方面，遥远的旅游地所产生的朦胧感与神秘感又会与距离摩擦相抗衡，而产生一种异乎寻常的吸引力，促使一些人到较远的目的地旅游。总之，距离知觉对人的旅游行为既有阻止作用也有激励作用。但是，哪种作用更大，则因人而异。作为旅游从业人员，为了吸引旅游者，不断扩大旅游市场占有率，首先应该把旅游区开发、建设好，为市场提供高质量的旅游产品，创造良好的旅游形象。其次，要运用现代营销理念，充分利用各种营销手段，积极开展旅游宣传，给潜在旅游者留下深刻的印象，引导他们的决策。

三、对旅游交通的认知

旅游交通作为旅游业的三大支柱之一，在现代旅游业的发展中起着重要作用。现代旅游交通主要指飞机、大型旅游车、游船、火车等。在旅游活动中，人们选择乘什么样的交通工具，同样受到知觉的影响（表2-1）。

表2-1　主要交通工具知觉要求比较

交通工具的选择	知觉要求
飞机	快捷、安全、舒适、直达
旅游车	舒适、安全、宽敞、便捷
列车	安全、快捷、直达、便于游览
游船	舒适、娱乐性强

1. 对航空公司的知觉

在经济条件许可的条件下，飞机是旅游者首选的交通工具，尤其是远距离的国内旅游和国际旅游。旅游者对飞机的知觉印象受到下列因素的影响：

（1）起飞时间。现代人重视时间的价值，比较注重飞机起飞和到达的时间是否符合自己的需要，以便充分利用时间，顺利完成旅游计划，获得预期的旅游享受。

（2）中途着陆次数的多少。旅游者对直达航班的印象最好，而对转机次数多的航班印象就差一些。因为中途转机次数多可能延误飞行时间、耽误行程，而且飞机事故发生频率最高的时段就是起飞和降落，从而增加了旅途的危险性。

（3）机上服务的好坏。一般来说，人们倾向于选择那些乘务员友好、热诚、优雅的航班。

（4）飞机机型新旧，驾驶员的技术水平，以及机上休息娱乐设施等都会影响旅游者对该航班的选择。

从上述四个因素可以看出，时间的价值对一个航空旅游者来说是非常重要的。事实上，这比飞机的类型和娱乐条件更为重要。航空旅游者希望在最合适的时刻起飞，并按时到达目的地。另外，机上空乘人员的态度也相当重要。相互竞争的航空公司除了航班时间上的不同以外，很难再找出它们的区别。两者飞往同一个目的地，价格又接近，服务质量就显得重要了。航空旅游者非常重视热情、礼貌、友好的服务。因此，航空公司应竭力为乘客提供最好的服务。

2. 对旅游车的知觉

人们外出旅游，在很大程度上是为了获得更多的知识和享受。因此旅游者十分重视对旅游车的选择。旅游者对旅游车的知觉印象受下列因素的影响：车窗的宽敞程度，有无空调，座椅是否舒适，路面状况及车上的减震系统能否消除颠簸之苦，导游工作和视听设备等。此外，车上空间是否拥挤和能否按时发车到达，也会影响旅游者的知觉印象。

3. 对火车的知觉

国内旅游者中，绝大部分选择火车作为交通工具。旅游者对火车的知觉印象取决于三个因素。

（1）运行速度。运行速度快且直达列车最受欢迎，对乘客而言，沿途不停站或停站次数越少越好。

（2）发车时间。旅游者希望发车时间符合自己的愿望，保证不打乱自己的旅游计划。一般旅游者希望朝发午至，午发暮归，这样有利于最大限度地利用时间进行观光游览及购物娱乐等活动。

（3）舒适程度。旅游者一般都希望车型新、设备齐全，车体外表美观，车内装饰高雅，卫生条件好，乘务员素质高。此外，行车时间最好有利于休息、娱乐和社交。

4. 对游船的知觉

游船是专用于海上游和江河游的工具，是"浮动的休养地"或"浮动的大旅馆"，并非一般意义的交通工具。当人们在海上和江河上旅游时，也常以游船作为交通工具。人们究竟愿意选择什么样的游船则是因人而异的。一般而言，旅游者游船的知觉取决于游船的舒适程度、安全度、娱乐性，游船所能到达港口城市的多少以及港口城市游览景点的多少，游船的客舱、餐室、游艺厅设施是否有特色，娱乐活动是否丰富，游伴是否有趣，膳食和饮料是否适宜，购买是否方便等方面。

应当指出的是，知觉形象并不是固定不变的，它随着时间而变化。在某些情况下，它能在很短的时间内发生变化。

四、对旅游目的地的认知

人们在知觉旅游目的地时，通常乐于广泛接受有关事物的各种信息，力争把握旅游区的主要特征，并从自己的旅游需要和旅游目的出发，对旅游景区做出综合的识别、理解和评价，最终形成自己的旅游景区知觉印象。严格来说，没有两个人对一个旅游目的地的看法是完全相同的。人们的知觉既有相同之处，又有所不同。其区别不仅存在于个人之间，而且也存在于国家之间、地区之间。良好的知觉印象能够促使潜在的旅游者选择旅游目的地，做出旅游决策；同时也能够帮助旅游者做出对旅游景区和自己旅游活动满意感的评价。

一般情况下，影响旅游者对旅游区知觉印象的关键因素有以下几点：

（1）旅游者原有的经历和价值观念。同样知觉旅游目的地景区，在旅游活动的不同阶段，知觉的信息来源是不同的。在旅游决策阶段，知觉的信息主要来自自己或他人的经验、各种新闻媒介的有关文章或专题报道、旅游广告、书刊、电影、展销会、旅游宣传手册等，主要以间接信息为主。在旅游活动的进行阶段，知觉的信息来自旅游者的亲身经历和感受，主要以直接信息为主。

（2）旅游景区必须具备独特性、观赏性，相应项目必须重视参与性和良好的体验性。景观的吸引力，就是其特点与人的旅游需要相互作用的结果。那些参与性强的旅游活动项目，诸如采摘、仿古文化旅游项目、潜水等，都深受旅游者的喜欢。

（3）旅游设施必须安全、方便、舒适。在标准化的同时，注意特异性。旅游设施不能仅仅是景观的附属部分，而应该成为景观的有机组成部分之一。

（4）旅游服务必须礼貌、周到、诚实、公平。尊重旅游者，但不能放弃自尊，旅游服务人员与旅游者之间应该相互尊重，以保持友好的人际关系，有利于旅游活动的顺利进行。提高服务技能，以高品质的旅游服务强化旅游者的满意感。

此外，旅游景观、旅游设施和旅游服务是旅游产品价值的重要组成部分。旅游者感知它们时，其价值与价格的比值是一个非常敏感的问题。过低的价格会损害旅游目的地景区的利益，过高的价格会损害旅游者的利益。但是，不论过高还是过低的价格，最终都会使旅游者形成不良的旅游景区知觉印象。因此，旅游产品的定价，必须以景观、设施和服务的价值为基础，同时考虑市场的波动，力争做到价格的公平合理。

从旅游业角度而言，为了使自己所经营的旅游目的地能在人们心目中形成一个良好的知觉形象，必须要通过广泛的调查研究，了解自己经营的旅游目的地在人们心目中究竟是一个什么样的形象。决不要想当然地认为它是一个什么样的旅游地，人们就会把它知觉为一个什么样的旅游地。在调查了解中，应同时了解与该目的地相竞争的其他同类旅游目的地在人们心目中的形象，了解人们是按照什么样的决策标准，在不同的旅游目的地的对比中对这些目的地进行评价的。然后，在此基础上，依据心理学所揭示的人的知觉规律，有针对性地开展主题鲜明且形式多样的宣传、公关工作，使人们对自己所经营的旅游目的地的知觉变得完全符合或更加接近于人们为自己制订的旅游决策标准。

◇ 本章小结

本章讲述了知觉与旅游消费行为的内在逻辑关系。主要包括旅游知觉的基本规律、知觉的心理定式、旅游者对旅游条件的认识三部分内容。介绍了知觉的概念、知觉的三种基本规律，即知觉的选择性、知觉的组织性、知觉的解释性。介绍了几种常见的知觉心理定式，即首次效应、晕轮效应、经验效应、刻板印象。分析了对旅游决策过程中发挥重要影响的条件认知，包括对旅游时间的知觉、对旅游空间距离的的知觉、对旅游交通的知觉、对旅游目的地的知觉。

◇ 核心概念和观点

知觉；首次效应；晕轮效应；刻板印象。

★一定的的闲暇时间是旅游活动顺利进行的基本保证。

★旅游者对旅游活动时间知觉的要求常因动机不同而有所不同。

★距离知觉对人的旅游行为既有阻止作用，又有激励作用。通过提升旅游形象、加强宣传推广和必要的营销手段能够产生强大的吸引力，从而吸引更多的旅游者。

◇ 思考题

1. 何为晕轮效应？晕轮效应对旅游经营者有何启示？

2. 如何理解旅游空间距离对人们的旅游行为既有阻止作用，又有激励作用？

3. 在一些外国人心目中，到中国旅游只是"白天看庙，晚上睡觉"。假如你是中国旅行社海外销售部的销售人员，你将如何改变其对中国的知觉？

4. 旅游业如何影响旅游者的个人社交环境？

第三章 旅游需要与动机

【学习目标】

□知识目标：通过本章的学习，了解旅游需要和动机的相关理论及其与产生旅游消费行为的关系。

□技能目标：运用需要动机理论分析旅游者的消费心理和行为，了解他们的出游动机。洞察旅游者真实多样的、个性化的需要。

□能力目标：深刻了解旅游动机及其影响因素，把握满足旅游者需要的有效途径并在营销上加以运用。

人们为什么要旅游，是什么原因使得人们兴致勃勃地一次又一次地选择出游？这涉及旅游心理学首先要回答的一个重要的基本问题——旅游消费行为的动因。旅游消费行为的动因是一个令人费解、充满奥秘的复杂系统。在这个系统中，旅游者的需要是产生旅游消费行为最主要的内在依据，是旅游消费行为的原动力和出发点，要了解旅游者的消费心理和行为，就必须首先了解旅游者的需要。旅游动机产生于旅游需要与旅游目标相遇之时，是旅游消费行为的动力源泉，而旅游消费动机则又受到具体消费环境的影响。

第一节 多样化的旅游需要

一、旅游需要的含义及特点

（一）旅游需要的含义

所谓需要，是指人对某种目标的渴求或欲望，是人的一种主观反映。如口渴时就会产生喝水的需要，疲惫时就会产生休息的需要。需要有生理需要和社会需要之分，同时也有物质需要和精神需要之分。

人的物质需要和精神需要是密切相关的。精神需要以物质需要为基础，对物质的追求中有时也包含一定的精神追求，比如对住房要求格调高雅、衣物要求漂亮入时、食品要求精美新鲜。同时，精神需要也离不开物质，比如对美的追求，通常都会落实在具体的美的事物上。

旅游需要是人类社会发展到一定阶段的产物，它是指人们在特定的社会环境和特定的经济条件下为满足某种目的而进行游历、旅行的愿望和要求。例如，某个人想去庐山旅游，这个需要是他个人的一种主观愿望。但这个愿望并不是凭空产生的，究其原因可能是夏季的持续高温促使他想找一个凉爽之地消暑避热，加上暑假的闲暇时间和经济条件更进一步促成了他产生这一需要。这种内在生理条件和外在社会经济条件对人共同刺激最终产生了旅游需要。

实际上，在早期，旅游业和为旅游本身而进行的旅游出现之前，外出旅行只是为了满足生理的需要：游牧民族为了寻找食物和水源而迁徙；普通平民为了躲避天灾或暴政而逃难。只是在人们能够把个人自由支配的收入花在衣、食、住以外的方面，以及交通运输技术的发展使得大批的人能在短时间内进行远距离的旅游之后，旅游业才开始显现出今天这样的形式和蓬勃发展势头。以美国为例，直到第二次世界大战后，当美国被称作是"富裕社会"之后，才有了大批的人为了旅游本身而外出旅行。于是，成千上万的美国人开始到遥远的异地去旅游，到他们父母和前辈可能从未听说过的地方去旅游。所有这些旅游都已经不是为了仅仅满足生理需要，而是为了满足更深层次的心理动机和需要。

（二）旅游需要的特点

旅游需要是一种高层次的需要，是物质需要和精神需要的集合体，其特点主要表现为以下几个方面：

1. 多样性

旅游需要的多样性主要包括两层含义：

一是旅游者通过旅游旨在满足的个人总体需要，或者说达到的最终目的具有多样性。旅游者林林总总，千差万别，基于职业、年龄、性别、个性、经验、环境等方面的差异，他们的旅游需要也是多种多样。比如探亲访友、商务会议、康体保健、休闲度假、游历修学、探险考察、宗教朝拜等，都可以成为综合性旅游需要的目的指向。

二是旅游者在旅游过程中的具体需要具有多样性。旅游者基于各种目的外出旅游，在旅游过程中表现出的需要是多方面的、复杂的。对他们在旅游活动中表现出的各种需要，我们大致可以把它分为自然性需要、社会性需要、精神性需要三个方面。

（1）旅游者的自然性需要。

旅游者的自然性需要表现在生理需要和安全需要两方面。生理需要是指维持人体正常生命机能的各种需要。比如对饮食、衣物、住宿、休息、运动、阳光、空气、水等的需要。旅游者有时就是为了追求舒适的、高质量的生理享受而旅游。有时虽不一定为满足生理需要而外出，但生理需要却是整个旅游活动中异常重要的一环。

到异地旅游的客人，一般都希望品尝当地的风味美食，但他们也需要符合自己饮食习惯和口味特点的日常食品。饮食习惯的冲突会影响游客的游览活动，他们还希望食品供应及时、充足，取用方便、卫生。

旅游者对衣物的需要有较大差异。有的客人喜欢自己带足衣物；有的则只带一些简单用品，更愿意在当地随买随用。

为了保持自己充沛的体力和精力，旅游者希望住宿设施能保证清洁、安静、舒适，能洗上热水澡，不受干扰地好好休息。他们希望所到之处空气清新、阳光明媚、气候宜人。许多旅游者专门到原始森林去呼吸新鲜空气；到海滨进行日光浴、海水浴；到凉爽的地方避暑，到温暖的地方避寒；他们还希望旅游过程中能参加健康有趣的运动和娱乐活动。

旅游者的安全需要主要表现在对生命健康、财产安全和心理安全感的需要上。他们希望整个旅游行程平安顺利，不出意外、不生病、无财产损失。他们希望所到之处政局稳定，治安良好。实际上，许多游客还专门为了健康保健而外出旅游。

海啸之后

巨大的海啸袭击了泰国普吉岛，东南亚旅游线全线滑坡。为此，新加坡国家旅游局开始主推内陆城市游，试图吸引那些对海避之不及的游客。

新加坡的地接非常诚恳地对来此观光的客人说："我们代表热情好客的新加坡人民，对大家在'非常'时期来新加坡旅游表示欢迎和感谢。我们为你们准备了丰富多彩的节目和活动，这些旅游项目多集中在内陆地区。所以，希望大家把您的'心'放心地交给我，我会让大家的新加坡之行永远难忘！"

【评析】

安全需求是旅游者自然需求的一个重要方面。本案例中，新加坡地接导游能从游客心理需求出发，突出"安全性"，使人们感受到了一种"保障"，也为接下来的旅游活动打下了一个安全的基础。

（2）旅游者的社会性需要。

旅游者的社会性需要主要表现在对外交往和尊重这两方面的要求上。人们总是希望能与自己的亲朋好友一同外出共享旅游的乐趣，在游玩的过程中加深了解、增进感情。同时人们也希望能在旅游中结识新朋友，并与他们加强交流增长知识，并感受不同的文化。很多背包旅游者特别看重这一点。

旅游者对尊重的需要表现在整个旅游过程中，他们都希望所到之处能受到热情友好的欢迎和接待，自己的人格、自己的生活方式和风俗习惯能够得到尊重。

（3）旅游者的精神性需要。

旅游者的精神性需要主要表现在对新鲜事物的好奇、对异地文化的领略、对审美和艺术的感受、对宗教精神的追求等方面。

旅游者到异地游览，会接触到许多他们日常生活中体验不到的新鲜事物。他们对这一切都充满了好奇心。很多旅游者正是抱着猎奇或考察异地文化的目的而外出旅游的。中华民族历史悠久、文化灿烂，雄奇秀美的自然风光、光芒璀璨的人文景点、博大精深的宗教文化、独具特色的民族风俗、巧夺天工的旅游商品，无一不吸引着海内外无数的游客来到我们这个东方国度旅游。

2. 层次性

著名的马斯洛需求层次理论将人的需求划分为五个层次：生理需要、安全需要、社交需要、尊重需要和自我实现需要。

（1）生理需要。就是饮食睡眠等生理需要是人类最原始、最基本的需要。

（2）安全需要。包括对安全感、稳定性、秩序、受保护、自由以及避免恐惧的焦虑等的需要。

（3）社交需要。又叫归属和爱的需要，包括对交往、爱与情感、为一定群体所接纳等的需要。

（4）尊重需要。表现为自尊、威信、取得成就、受人欣赏等的需要。

（5）自我实现需要。自我实现需要是人的最高需要，它是使自己才能得到充分发挥，潜能得到最大限度显现，实现信仰和理想、成为自己愿意成为的人的需要。

旅游者的需要也表现出明显的层次性。旅游者为缓解压力、寻求放松，为扩大交际，为提高声望、获得尊敬，为好奇和求知，为追求美好事物，为施展才华显示自己价值而外出旅游，正是他们不同层次需要的表现。不同旅游者由于经济文化基础不同，主导需要也有层次差别，有的旅游者看重生理享受，有的看重安全，有的看重友谊和人际关系，有的看重文化，有的看重自然美，有的看重名誉和面子，有的则通过旅游实现自己人生价值。

前文中我们曾谈到外国人对中国游客的印象。其中，到埃及旅游的中国游客与西方游客的比较说明，目前许多中国游客到埃及更多的是满足娱乐性的需求，而非出于追求知识、了解文化的需求。显然，前者的需求层次远低于后者。

"深度游"受追捧

2017年春节将近，成都各家旅行社纷纷推出全新的出境游线路，欧洲游各条线路的出游价比平时平均上涨30%的同时，欧洲"深度游"也在成都浮出水面。成都首度出现了最多两国的欧洲"深度游"，以前为人津津乐道的"多国游"已渐失市场。

"对不少游客来说，动辄5国、8国，甚至10余国的游览已没了吸引力。"旅游公司工作人员介绍，目前，某一国或两国的主题式游览占据了较大市场，如一国8日游、两国10日游等。这些线路重在对当地文化、习俗等的深入体验。

【评析】

随着旅游经验的积累，中国旅游者对旅游产品的需求也不断发展。以前的出境旅游只是单纯地"看世界"，所以有限时间内尽可能多地游览国家是当时旅游者的最大需求。但现在"看世界"的需求已经转变为"了解世界"，游客更希望对目的地国家有深度的了解和体验。相比于以前，出境游在层次上的提升显然更快，短短几年就出现了深度游、自助游等较高层次的旅游产品。这也反映了近几年中国旅游业发展迅猛。

3. 发展性

人的需要是不断发展的，一种需要满足了，另一种需要就会出现，低层次的需要得到一定层次满足时高层次的需要就会产生。旅游者的需要也是不断发展的。旅游业作为社会文明的窗口行业，在短短十几年中突飞猛进地发展，旅游产品不断推陈出新，从最初的观光旅游、度假旅游，到如今的商务旅游、太空旅游，这些正是旅游者需要不断发展的结果。

俄太空旅游生意日趋兴隆

尽管目前每趟太空之旅的费用高达 2500 万美元，但显然比费用更膨胀的是人们对太空旅游的需求。据太空冒险公司总裁透露，截至 2018 年 1 月已有 13 人成功完成太空旅行，并在国际空间站上度过短暂的 10 天时间。尽管目前太空旅行费用上涨到 5 千万至 1 亿美元，但依然阻止不了人们前往国际空间站的愿望。

【评析】

太空旅游的兴隆首先得益于科学技术的发展。虽然对太空世界的探索需求并不是现代特有的产物，古人早有"我欲乘风归去"的情怀，但科技是这一旅游需求得以满足的可能。而相比于游山玩水的传统旅游，太空旅游者的需求显然要高了很多。应该说，旅游需求的发展刺激了旅游业的发展，旅游业的发展也满足了不断发展的旅游需求。

二、旅游者的"三求"心理

尽管人们对旅游的理解各不相同，但是有一点是公认的，那就是，旅游是一种"特殊的生活方式"，是一种"不同于人们日常生活的生活方式"。具体而言，旅游是人们为了寻求补偿或者寻求解脱，到别处去过一种"日常生活之外的生活"。因此，研究人们为什么要旅游这一问题要从研究人们的日常生活开始，只有知道了人们在日常生活中"缺少了什么"，才能知道人们在旅游中"想要得到什么"。

（一）旅游者的求补偿心理

求补偿的心理实际上是指旅游者希望通过旅游来寻求补偿，使自己在日常生活中所缺乏的那些满足感——新鲜感、亲切感、自豪感得到补偿。

追求新鲜感是由人的本性决定的，人的本性就是要不断寻找和开辟更加广阔的天地。著名心理学家弗洛姆指出，"一个人生理上和生物学上的需求得到了满足，但是他仍然不满意，他内心仍然不安宁"，因为他缺少了"一种能够使他变得主动的勃勃生机"。

而旅游则正是这种可以为人们提供勃勃生机的、让人们主动扩展和更新自己、探寻新鲜感的生活方式。

激烈的市场竞争使聚居在城市的人与人之间的关系变得疏远，彼此倾轧，因而克制和压抑了对真诚的爱的渴求。但是，这种埋藏于人们内心深处的广义的爱的需要是不可磨灭的，一有机会人们就要想方设法地去寻求补偿，人们热衷于外出旅游就是基于这种寻求补偿的动机。

在高科技的社会中，人们更多地是与冰冷的、刚性的机器设备打交道，而与活生生的、柔性的人打交道的机会相对减少。人们只需要坐在电视机或者互联网前，就可以环游世界。但这终究不能取代现实的旅游活动，因为它可以使得人们通过人性化的接触来获得亲切感，这一点是任何媒体和机器都不具备的。

在日常生活中，人们不能充分地成为真正的自我、突出自己和表现自己。但在旅游时，人们可以摆脱某些常规的束缚，自由自在地过一段日子，充分地成为自己、展示自己，获得自豪感的补偿。

旅游还为人们的充实提高创造了条件。中国自古以来就有"读万卷书，行万里路"促使人成长的古训。旅游使人们走出狭小的空间，"仰观宇宙之大，俯察品类之繁"，达到一种超凡脱俗的境界。这也是一种自豪感的补偿。

组长的力量

A公司组织员工分三批集体出游，前两批安排了公司的主要领导和部分员工。第三批均属公司普通员工。小陈是第三批团队的导游。在前往目的地的旅游车上，他根据事前的了解和现场观察到的情况，在到达之前，把整个旅游团分成四个组，分别指定了在车上表现活跃又配合工作的四个人担任小组长，既满足他们的表现欲，又能配合自己的工作。在旅游过程中，四个组长表现积极，尤其是在人员集合时，他们主动清点本小组人员，联系敦促未到者；在组织篝火晚会和车上对歌活动时，积极响应导游并鼓励本组成员，节省了小陈很多时间和精力。最终，整个旅游行程圆满完成。

【评析】

导游小陈在了解到本团成员均为普通员工，不存在正式组织中的"领导"这一情况后，指定小组长，满足了部分普通员工在现实中没有当领导、渴望表现自我领导才干的求补偿心理，从而使得旅游行程得以圆满完成。

（二）旅游者的求解脱心理

求解脱动机是指旅游者要借助旅游，从紧张的日常生活中解脱出来。现代文明越发展，越使人感到人与自然之间和人与人之间的距离变得更远。

就我国的情况来看，旅游一般被看作是对现实生活"锦上添花"的补充，而没有被当作是现实生活的一种必要选择。但随着市场竞争的日益激烈和生活节奏的日益加快，以及人们对生活质量要求的日益提高，为了寻求解脱而选择外出旅游的人会越来越多，旅游消费将从"奢侈品"逐渐变成人们不可缺少的"生活必需品"。

（三）旅游者的求平衡心理

旅游者的求平衡心理表现在以下三个方面：

（1）单一性和复杂性之间的平衡。人的需要既有复杂性，也有单一性。持单一性需要的观点认为，人们在生活中总是寻求平衡、和谐、相同、可预见性和没有冲突，任何非单一性都会让其心理紧张。比如有些人总会选择一些著名的旅游点去旅游，还会选择那些知名度高并能提供标准化服务的宾馆饭店。

主张复杂性需要的观点认为，需要产生的实质是人们追求新奇、出乎意料、变化和不可预见性等。所以人们一般总是选择到从未去过的地方旅游，以满足复杂性需要。它要求旅游业的景观设计和服务形式要不拘一格，不断推陈出新才能吸引旅客。

但对一般人来说，单一性过多固然会使人产生厌倦，但复杂性太多也同样会使人过分紧张乃至恐惧，理想的方式是在单一性和复杂性两者之间找到平衡点。所以，解决的办法是缺少哪一种需要，就弥补哪一种，以此来达到人们心理的平衡（见图3-1）。

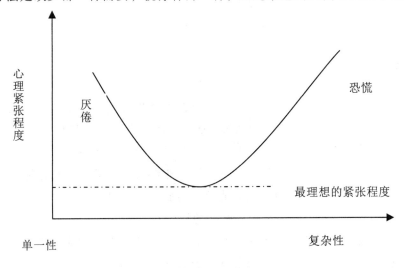

图 3-1　旅游者的求平衡心理

旅游者的求平衡心理正是指旅游者要在变化与稳定、复杂与简单、新奇与熟悉、紧张与轻松等矛盾心理中寻求一种平衡。对于绝大多数人来说，日常生活中的单一性太强，熟悉的东西太多，新奇的东西太少，因此需要到旅游活动中去接触大量的新鲜事物，以此来寻求平衡。而有些人的工作则充满了复杂性，比如一些公司、组织和政府部门的领导人，他们每天的工作都是完全不同的，每天都会遇到新的问题。对这些人来说，他们去旅游往往是为了过一段单纯、稳定的生活，他们会让人事先安排好一切，无须自己额外的考虑，只需简单地参与即可。

（2）体力活动与脑力活动之间的平衡。一些日常生活和工作相当耗费脑力而平时又缺少运动的旅游者往往喜欢一些参与性的、运动型的项目，而从事体力工作的旅游者则不然。

（3）旅游者在整个旅游过程中要保持必要的平衡。新奇的东西固然吸引人，但是并非越多越好，也不是越新奇越好，超过一定的程度，吸引可能就变成排斥。运动型项目可能会受很多人喜欢，但是安排过量则会严重消耗体力，影响旅游者行程。因此，旅游经营者可以把一般的大众旅游产品设计为包含着变化与稳定、复杂与简单、新奇与熟悉、紧张与轻松、体力与脑力等对立面的"矛盾组合"，这样才能对旅游者产生强烈的吸引力。

第二节　具有驱动力的旅游动机

所谓动机是指引起和维持个体的活动，并使活动朝向某一目标的心理过程或内部动力。体现着所需要的客观事物对人的活动的激励作用。旅游动机推动人们进行旅游活动，它是支配旅游者购买旅游产品和服务的内在动力，它对人们的旅游行为具有明显的预示作用。

一、旅游动机的目标导向

动机总是因具体的需要而存在，针对具体目标而产生的。当一个人肚子饿了的时候，存在充饥的需要，就产生了觅食的动机；而当一个人口渴了的时候，他会去找水。可见，动机具有明显的目标导向，它总是和满足某种需要的具体目标联系在一起的，离开了具体事物、具体目标，就无所谓的动机了。旅游者的旅游需要总是针对旅游产品和服务的，即这些旅游产品和旅游服务能够满足旅游者的某种需要，故让他们产生了旅游动机。强烈的旅游动机总是与明确的旅游目标并存。

目标导向要求旅游工作者深入开展调查研究，精确把握不同职业、年龄、性别、经济背景的旅游者内心需求的目标导向及其发展变化，并据此开发出能切实满足他们需要的各项产品和服务，并在引导旅游者进行消费的过程中不折不扣地执行。

二、旅游动机的多元性

从现代旅游业五花八门的旅游产品中我们不难发现，旅游者的旅游动机也是多种多样的，不同的旅游者基于各自不同的动机出游，每一次的旅游活动都能让他们得到不同的生理和心理体验。而且，受到客观环境的影响，同一旅游者多次出游的动机也各不一样，具有很强的动态性。同时，很多旅游活动并非只涉及某一动机，常常是多种动机兼而有之。旅游动机呈现出明显的多元性。旅游动机来源于人的基本需要，基本需要的多样性决定了旅游动机的多样性。常见的旅游动机可归纳为以下几类：

1. 休闲、健康的旅游动机

休闲、健康的动机表现为在紧张、平淡的日常工作、生活之余，为了休闲放松、康体娱乐而进行的观光休闲、度假疗养等旅游活动。通过休闲、修养来恢复和增进健康；通过游玩、娱乐暂时忘却烦恼，以保持心理平衡。

具有休闲、健康动机的旅游者，在选择旅游目的地和旅游活动项目时，主要是选择那些能够调节人们身心活动、增进身心健康、使人全身心投入的活动，如轻松愉快的参观游览、不太激烈的体育健身活动、各种修养治疗活动以及令人开怀的文化娱乐活动等。各种自然风光、历史古迹、公园、海滨、温泉疗养区以及有较好的艺术活动传统的地区，常常是具有健康、娱乐动机的旅游者选择的对象。

2. 探索、冒险的旅游动机

好奇和探索是人类基本的心理性内在驱力，好奇心和探索的欲望是天生的。旅游活动具有新奇性、知识性，甚至一定程度的探险性，能够部分满足人们的这种需要。不同旅游者这一动机的强弱程度有明显的差别。有的在保障安全的情况下只求新鲜刺激，而有的则为满足探索欲甘冒生命危险，如珠穆朗玛峰登山探险旅游等。

3. 精神审美的旅游动机

审美对人来说是一个从感官体验到精神共鸣甚至灵魂升华的过程。审美动机是指旅游者为满足自己的审美需要而外出旅游，这是一种高层次的精神方面的需求。当然，有的旅游者纯粹为了审美而游历，如我国古代徐霞客、李白等人的士人漫游；而有的人则只是其中夹杂审美动机，如当代一般的观光旅游者。

具有这种动机的旅游者，其旅游活动多指向奇异美丽的自然界的事物、现象，指向那些使人们能够接触旅游地居民的活动，以及参观博物馆、展览馆、名胜古迹和参加各种专题旅游活动等。

4. 社会交往的旅游动机

人们为了探亲访友、寻根问祖、结识新朋友等而进行的旅游，就是社会交往动机的体现。社会交往的动机以加强沟通交流，发展人际关系、公共关系为目的。这类旅游者常常表现出对熟悉的东西的一种厌倦和反感，也表现出逃避现实的一种欲望。因此，具有社会交往动机的旅游者的特点是要求旅游过程中的人际关系友好、亲切、热情。

5. 宗教信仰的旅游动机

人们为了宗教信仰，参加宗教活动、从事宗教考察、观礼等而外出旅游，出自宗教信仰的动机主要是为了满足自己的精神需要，寻求精神上的慰藉和寄托。纯粹的宗教旅游又分为两种情况，一种是朝圣，古如玄奘西天取经；一种是传教，又如鉴真东渡。现代社会中，除以上两种情况外，其他夹杂宗教信仰动机的旅游活动也很多。

6. 商务、公务的旅游动机

商务、公务动机是指人们为了各种商务、公务活动外出旅游。例如有些人为了购买商品专程或绕道到某地旅游。另外，参加学术考察、交流，到异地洽谈业务、出差、经商等，都属于商务动机。此外，各种专业团、政府代表团以及交易会、洽谈会等所参与的旅游活动也都属于此类动机。

不参观的游客

广博会召开之前，世界各地的客商云集于广州。厄瓜多尔的代表团在圆满完成参展任务后，代表团团长临行前决定，多停留一天，找家旅行社，让大家了解一下这个给他们带来巨大经济效益的城市。

翻译导游小刘以其精彩的讲解给代表团的游客留下了深刻印象。但在个别景点参观时，由于经常出现排队等候的局面，让外宾们很不耐烦。最后，小刘尊重了团长意见，决定不等了。小刘建议到其他景点参观，被拒绝后，耐心周道为其着想，也没有推荐景点和购物店。

【评析】

本案例的游客显然属于典型的商务型游客，即为了参加广博会而进行的外出旅游。他们的一般心理是：（1）求方便、求快速；（2）自主决策能力比较强；（3）求名、求尊重。导游小刘在清楚地判断了这类游客心理的基础上，没有一味地坚持让游客参观景点与购物。

7. 家庭责任的旅游动机

对很多成年人来说，长年累月的整天忙于工作会使他们疏于对家人以及亲朋好友的关心照顾，外出旅游对他们来说更多是为了尽一份责任和义务，是为了让父母、妻子、儿女和其他亲人、好友得到放松、快乐。例如每到暑期，以家庭为单位的旅游团队大量增加，正是以上原因使然。

事实上，很多旅游者并非出于某一单纯动机出游，而是有两种或多种混合动机。按照这些原因在人们行为中的作用大小，可分为主导动机和辅助动机。比如来华入境旅游，外国旅游者的主导动机是文化方面的动机（了解神秘的东方文化）；华侨、港澳台同胞的主导动机是交际方面的动机（探亲访友和寻根）；国内旅游者的长线旅游，主要是出自文化方面的动机(风俗民情体验)；短线旅游主要是出自健康动机(休闲度假)；商人或其他职业人士等的旅游，主要出自业务方面的动机等。

三、影响旅游动机的因素

在影响旅游动机的个人因素中，一个人的个性心理因素起着首要的作用（如图 3-2

所示）。这种类似于连续统一区间的心理图谱用"自我中心型"（或译为"安乐小康型"）和"多中心型"（或译为"追新猎奇型"）来表示人格类型，这两个类型分别位于连续统一的两个极端，呈正态分布。

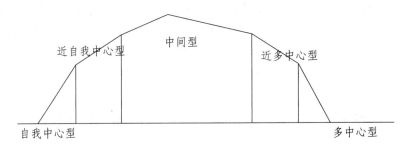

图 3-2　人格类型分布图谱

其中，人格类型属于自我中心型的人，其特点是思想谨小慎微，多忧多虑，不爱冒险；行为上表现为喜安逸、好轻松，活动量小，喜欢熟悉的气氛和活动。与自我中心型相反，另一个极端类型是多中心型。属于这一人格类型的人，其特点是思想开朗，兴趣广泛多变；行为上表现为喜新奇，好冒险，活动量大，不愿随大流，喜欢与不同文化背景的人相处。除了这两个极端类型之外，中间型为表现特点不明显的混合型。"近自我中心型"和"近多中心型"则分别属于两个极端类型与中间型之间略倾向于各极端特点的过渡类型。

受性格因素影响，自我中心型和多中心型在旅游行为上也有较大差异（如表 3-1 所示）。

表 3-1　自我中心型与多中心型行为差别对比

自我中心型	多中心型
喜欢熟悉的旅游地	喜欢人迹罕至的旅游地
喜欢老一套的旅游活动	喜欢获得新鲜经历和享受新的喜悦
喜欢阳光明媚的娱乐场所	喜欢新奇的不同寻常的旅游场所
活动量小	活动量大
喜欢乘车前往旅游地	喜欢坐飞机前往旅游地
喜欢设备齐全、家庭式饭店、旅游商店	只求一般的饭店，不一定要现代化大饭店和专门吸引游客的商店
全部日程都要事先安排好	要求有基本的安排，要留有较大的自主性、灵活性
喜欢熟悉的气氛、熟悉的娱乐活动项目，异国情调要少	喜欢与不同文化背景的人会晤、交谈

除了个人心理类型之外，影响旅游动机的个人方面因素中还包括性别、年龄、职

业和文化修养等。从性别来看，男子和女子本身由于性别方面的差异，以及在家庭和社会两方面所处的地位和作用不同，在旅游的动机上就有很大的差别。从年龄来看，不同年龄的人，他们所处的生活环境不同，所扮演的生活角色不同，因而在心理和行为层面上有很多区别。此外，某些客观外界因素，如社会历史条件、微社会环境因素（个人周围人际环境）、经济状况、闲暇时间、家庭结构等，对旅游动机的形成也有一定影响。

第三节　旅游消费环境与动机的互动

对旅游业来说，消费环境包括两个方面的内容，一是指旅游者所在地的消费环境，这一方面侧重于旅游者的经济条件、时间因素及其他相关社会因素；二是指旅游目的地的消费环境，这一方面侧重于考虑旅游目的地的硬件及软件因素，如目的地的可进入性，接待设施的规模、档次、服务水平，旅游商品的丰富、独特程度，当地人对待旅游活动的态度、行为等。

消费环境，尤其是旅游者所在地的消费环境直接决定人们旅游动机的产生及其种类，消费环境中某个因素的变化也会对旅游者的旅游动机产生强化或者弱化作用；而全社会的旅游动机及由此导致的旅游活动的习惯、特点、趋向等则会反过来影响旅游消费环境的变化。

高温"烤验"传统观光游

2016 年 7 月，安徽各地连续晴热高温，传统观光游遭受到严峻"烤验"。徽园是近年来合肥接待量最大的景区之一，可是作为新建景点，大树少，绿荫不足，地面温度太高，难以留住游人。进入 7 月份高温天气以来，白天一般只有几十人。合肥野生动物园高温前每天有 700 人左右，进入高温后，游客减少了近 40%。与之形成鲜明对比的是，岱山湖的休闲别墅受到追捧。前往度假的游客需要提前预订才可成行。

【评析】

高温之下，观光游与休闲游一冷一热的鲜明对比充分说明了旅游目的地的消费环境对旅游动机的影响。由此可以看出，一方面旅游目的地环境的建设需要更加人性化，另一方面从当地整体旅游规划的角度出发，应积极开发多元化的旅游产品以满足市场需要。

一、经济因素

经济因素是产生旅游动机的第一要件。根据世界旅游业发展的一般规律，在人均

GDP 达到 1 000 美元以后，人们对旅游的需求就会急剧膨胀，旅游的大众化、普遍化便开始迅猛发展。经济条件的好坏往往能直接决定旅游者是否会有出游动机以及存在何种出游动机。经济条件的改善会逐步强化人们的旅游动机，并丰富旅游动机的类型。比如经济条件尚可时出游动机多限于观光、休闲，而经济条件较好时动机则会更加广泛，度假、保健、探险等层出不穷。

经济因素能告诉我们哪些人有能力去旅游，以及哪些人有可能去旅游。但这并不意味着一个人有了足够的钱必然会去旅游，还涉及其他因素，比如社会文化环境和消费习惯。如日本 1991 年的人均国民收入有 20 185 美元，出国旅游是完全可能的。然而，海外观光者只占日本总人中的 8.6%。

二、时间因素

所谓休闲，就是用个人从工作岗位、家庭、社会义务中解脱出来的时间，为了休息，为了消遣，或为了培养与谋生无关的技能，以及为了自发地参加社会活动和自由发挥创造力，是随心所欲活动的总称。休闲时间包括业余时间、周末时间和一段集中的短暂假期。休闲活动，是人们为了向外界表现自己，享受运动创造的美感和愉悦的活动。

旅游和休闲的区别在于，只有离开居住地到异地一定时间以上，并以观光、度假、健身、娱乐、探亲访友为主要目的休闲活动，才是旅游活动。可见旅游活动比休闲活动的概念范畴要小得多，也可理解为旅游活动是休闲活动的一种特殊形式。

时间对旅游消费行为的影响往往大于金钱，其缘由是每个人所支配的时间是固定不变的，而旅游行为是发生在一定的闲暇时间内。闲暇时间是社会给予人的一种补偿，是保持身心平衡的因素。人的意志自由安排的时间不是工作之外的全部时间，它只是其中的一部分。一个人闲暇时间的多少是因人、因家庭、因经济条件而异的。旅游是在一定的时间和空间内进行的，没有时间旅游就不可能发生，但有了时间人们未必去旅游。

时间对旅游的影响，不仅指没有时间人们不可能去旅游，还包括时间的压力对人的旅游消费行为的影响。在一个经济发达的社会里，时间是一种很珍贵的资源。人们深受埋头苦干、勤奋工作的道德观念的影响，不愿意将时间花费在无用的、不出成果的事情上。在旅游活动中，许多旅游者选择飞机作为交通工具，乘坐汽车观赏沿途风光，匆匆从一地赶到另一地度假、游览，都是为了节约时间，要在有限的时间之内把计划之中的一切活动全部有效地办完。所以时间压力也影响着许多人对旅游活动的众多选择。

三、所在地的其他社会条件

旅游作为现代人的一种生活方式，不可能脱离开社会背景而单独存在。社会条件主要指一个国家或地区的经济状况、文化因素以及社会风气等方面。

1. 旅游业的整体发展水平

一个国家或地区的旅游发达程度同这个国家或地区的经济水平成正比。只有当整个国家或地区的经济发达时，才有足够的实力改善和建设旅游设施、开发旅游资源、促进交通运输业的发展，从而提高旅游综合吸引力和接待能力，激发人们旅游的兴趣和愿望。

2. 团体、家庭和社会风气

团体或社会压力也能影响人们的旅游动机。比如单位集体组织的旅游活动，或是奖励旅游行为等，对个体参加旅游活动都有一定的吸引力，使人们不自觉地产生旅游愿望，并进而产生旅游行为。

家庭是一个人最基本、最重要的所属群体，它会对人们的旅游消费行为产生直接和长远的影响。这些影响主要表现为家庭的结构及其周期，例如新婚夫妇与有小孩家庭在出游动机上存在显著差异。

社会风气也能影响人们的旅游动机。同事、朋友、邻居的旅游行为及其旅游经历往往能够相互感染，或者形成攀比心理，使人们产生同样外出旅游的冲动，形成一种效仿旅游行为。

酒店消费"潜力股"

2016年除夕，67岁的退休工人冯老夫妇生平第一次没有在家里守岁，而是接受了儿女的孝心，在五星级的酒店包了一间房，度过了一个令他们终生难忘的24小时——在酒店里面洗澡、吃年夜饭、看春节晚会、打麻将。2016今年春节，像冯老夫妇这样在酒店潇洒一回的家庭有很多，并成为春节期间各大宾馆、饭店最具活力的消费群体。

近几年酒店的年夜饭一直都很火，但往往都是一锤子买卖。除夕过后，就是一个星期乃至十天左右的冷清。但今年各家饭店的老总们发现，年三十过后，餐饮消费仍异常活跃，许多宾馆和餐馆初一至初七的上客率一直不错。市民们已不仅仅满足于在饭店里吃一顿年夜饭，相当一部分人把家庭团聚、朋友聚会、亲戚互请全部搬进了饭店。

【评析】

家庭是社会构成的重要单位。许多旅游动机也是因家庭而产生，甚至以家庭的形式而完成。春节是中国的传统节日，除了纪念一年之际的含义外，更是中国家庭团圆的重要日子。因此，抓住春节黄金周，大打亲情牌，满足家庭客人的需求对旅游业有积极意义。

四、旅游地的设施状况及服务水准

当旅游者对目的地选择没有明显的偏好时，目的地的设施状况和服务水准在旅游者心目中就显得格外重要。目的地的道路交通设施、住宿餐饮设施、服务水平等都很大程度上影响着旅游者旅游动机的产生，尤其是对那些对接待标准要求较高的旅游者，这一点往往是决定性的，遥远的旅途、颠簸的道路和破败的宾馆很容易打消他们的旅游动机。

五、旅游地的社会容量

社会容量，也称心理容量或行为容量，指旅游地居民对旅游者数量和行为最大的容忍上限。由于旅游者与当地居民常在文化、经济、宗教、生活习俗等方面存在差异，旅游者的出现会对居民造成一种心理影响，这种影响又会直接表现在当地人对待旅游者的态度上。如果当地人热情、友好、好客，无疑会强化旅游者的动机，反之，若当地人冷漠甚至敌对，则旅游者的动机会大打折扣。这一点要求旅游地在发展规划中，必须充分考虑当地居民的旅游社会容量问题。

◇ 本章小结

本章主要介绍了马斯洛的需要层次理论，并分析了旅游需求心理和旅游动机的类型。重点探讨了旅游者需要、旅游动机和旅游消费三者之间的关系。旅游者因为不满足感（紧张感）而产生旅游需要，在需要得到辨认后激发具有一定强度和明显方向性的旅游动机，直接驱动旅游者在一定的消费环境中产生旅游消费行为，实现旅游目标。在旅游过程中，旅游者又受到旅游目的地环境的刺激影响旅游消费环境并产生新的旅游动机。

◇ 核心概念和观点

需要；"三求"心理；动机；旅游消费环境。

★旅游需要是一种高层次的需要，是物质需要和精神需要的集合体。

★旅游是人们为了寻求补偿或者寻求解脱，到别处去过一种"日常生活之外的生活"。

★旅游动机推动人们进行旅游活动，它是支配旅游者购买旅游产品和服务的内在动力，它对人们的旅游行为具有明显的预示作用。

◇ 思考题

1. 阐述马斯洛的需要层次理论，如何用马斯洛的需要层次理论解释旅游需要？
2. 旅游活动中旅游者的"三求"心理在他们的具体行为上如何体现？
3. 描述两种类型的动机冲突，并针对每种情况从旅游市场活动中举出一个例子。

第四章　个性与态度

【学习目标】

□知识目标：通过本章的学习，了解人格的基本理论，掌握人格的特征、类型、结构以及态度的相关概念，并理解个性、态度与旅游消费行为的关系。

□技能目标：能从旅游者和旅游从业人员两个方面，了解人格、态度理论的应用，掌握作为旅游从业人员应该如何分析服务对象，以及如何处理发生的相关事宜。

□能力目标：在熟悉人格特征的基础上，掌握对旅游者以及旅游从业人员人格特征的基本判断，并由此了解其行为特征，从而形成知人知己的职业能力。

第一节　人格特征与旅游行为

一、人格概述

"人格"一词来源于希腊文 Persona，原义是戏剧中演员所戴的特殊面具。心理学中，人格指一个人区别于他人的所有稳定的、自成体系的个人行为特征，具体包括人的气质、能力、性格等。人格的形成和发展主要受先天遗传因素、后天环境因素、成熟和学习四个重要因素的影响。

1. 气质

气质是一个人表现在心理活动动力方面的特征，是人典型的、稳定的心理特点。如"脾气""禀性"。气质是一个人天生的心理活动特征，后天比较难以改变。

巴普洛夫根据高级神经活动的强度、平衡性和灵活性等三个基本特征，把气质划分为四种基本类型（表4-1），这四种气质类型表现在人的行为上是各不相同的。

了解气质的特点，对旅游业具有一定意义。作为从业人员，正确地认识自己的气质，可以有意识地进行调节和控制，以便扬长避短，适应旅游工作的需要；了解旅游者的气质类型，可以给予适当的服务，满足其不同的要求。

2. 能力

能力是直接影响活动效率，使活动顺利完成的必备的人格特征。能力分为一般能力和特殊能力。前者包括记忆能力、表达能力、想象能力、思维能力等；后者包括运算能力、鉴别能力、组织能力等。由于人的能力既有先天具有的，又有后天在生活、工作等实践中积累和发展起来的，所以，坚持"工夫不负有心人"一样可以拥有较高的能力。

表 4-1 根据神经类型所划分的气质类型及其表现

神经类型		气质类型	特 点
强	不平衡（兴奋型）	胆汁质	直率、热情，精力旺盛，脾气急躁，情绪兴奋性高，容易冲动，反应迅速，心境变换剧烈，具有外倾性
	平衡 灵活（活泼型）	多血质	活泼、好动、敏感，反应迅速，喜欢与人交往，注意力容易转移，兴趣和情绪容易变换，具有外倾性
	不灵活（安静型）	黏液质	安静、稳重，反应缓慢，沉默寡言，情绪不易外露，注意稳定并难于转移，善于忍耐，具有内倾性
弱（抑制型）		抑郁质	情绪体验深刻，孤僻，行动迟缓而且不强烈，具有很高的感受性，善于发现细节，具有内倾性

对于旅游工作人员，特别需要具有观察能力、记忆能力、调节情绪的能力以及特殊的岗位技能，所以无论是在人员的选拔还是培训中都应该具有针对性的能力要求。

3. 性格

性格是人对现实的态度和行为的一种心理特征。它是人格中最关键的部分。相比于以上所提到的气质和能力，性格相对比较稳定，因而也最能体现人格的特征。人的性格主要是通过后天的实践形成的，是现实社会关系在头脑中的反映。不同于气质的是，性格本身有好坏之别。如大公无私、见义勇为、与人为善等是好的性格；损人利己、冷酷残忍等是坏的性格。因此，养成好的性格，对己对人对工作对社会都十分重要。

旅游者的气质、性格、能力等人格特征，构成其旅游行为的重要心理基础。外国学者曾分析过人格特质与旅游方式之间的关联性。结果发现喜欢休假四处旅游的人和不太喜欢出远门的人之间，存在着相当大的人格差异。前者较生性好奇，也较有自信，社交能力也高一些；相对的，后者便显得比较拘谨、被动、严肃。

二、人格类型与旅游行为

人格类型是根据不同个性特征和行为特征对人进行的分类。在心理学的研究范畴，人格类型的划分因标准不同而多种多样。

（一）不同人格类型对旅游工作的影响

不同人格类型对旅游工作的影响有所差异，因此我们常常可以听到，"×××天生是干这一行的"这一说法。从人格类型特点与旅游工作性质的角度分析，这种说法也并非无稽之谈。

1. 内倾型与外倾型

日常生活中，我们常用"内向"或者"外向"描述一个人的性格。事实上，这种简单的划分有时并不能完全涵盖、定义人格类型。对此，心理学家有更为准确的划分，即人格类型包括稳定外倾型、稳定内倾型、不稳定外倾型和不稳定内倾型（如图4-1）。

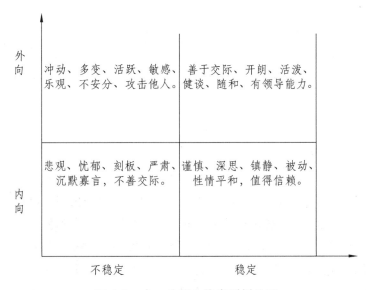

图 4-1　内、外倾人格类型划分图

同时，心理学家认为人格类型是一个变化的连续体。外倾和内倾两种机制则是这个连续体的两个极端，内倾型和外倾型各占一段。个体行为特征在此两端间的分布情况接近于正态分布（图4-2）。

显然，相对于日常所使用的内向和外向的划分，这种划分说明了个体外倾和内倾的程度，比前者绝对的两个类型的划分更准确。

从旅游工作的特点看，在选择不同工作岗位员工时应有所区分。例如，导游、餐厅服务员、从事公关或营销以及大堂的一些需要与旅游者直接接触的工作人员，应该具有外倾性格特点；而客房服务员、物品保管员、收银员等就应该选择那些有内倾性格的人。

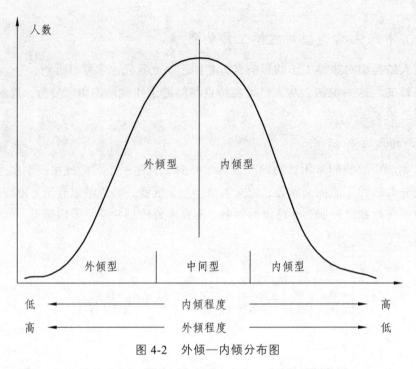

图 4-2　外倾—内倾分布图

2. 男性气质与女性气质

男性气质是指有进取心、喜欢专断和控制人，而且独立性较强；而女性气质指的是温和的、能容忍的、细腻的，有领导性。一般而言，男性更多地具有男性气质，女性更多地具有女性气质。但这并不是绝对的，尤其是随着社会的发展，人们观念的改变，特别是性别观念的淡化，两种气质的划分已不能通过性别简单区别了。

依据酒店工作的特点，服务人员可更多选择女性。这主要基于女性有更多的女性气质，而这种特点更适合于服务工作。当然，正如上文所述，仅仅依靠性别这一生物特性来判断其人格类型，显然是武断的，也不利于旅游行业从业者的选拔，所以就要求旅游业的人力资源管理者注意从多方面考察。

那么性别对旅游消费行为是否有影响呢？据美国一家饭店预订网站 all-hotels.com 的一项旅游者倾向调查，抱怨饭店客房太小的女性旅游者比男性多一倍。另外，愿意待在客房里叫送餐服务和使用迷你酒吧的女性游客也比男性多一倍。虽然根据这些数据我们依然不能武断地判断每一个女性旅游者的具体行为，但显然针对性别差异提供的特色服务一定具有市场意义。

3. 内控型与外控型

内控型的人，是那种坚定地认为自己是命运的主宰，只有自己才能控制自己命运的人。这种人独立性强，不容易受外界影响而改变自己的行为，也从不怨天尤人。外控型的人则相反，他们认为一切事情都是命运主宰的，自己处于被动地位。因此，无论成功或失败，他们总认为是外力作用的结果。从文化心理上看，中国人外控型居多。

强调天时、地利、人和之类，而对自己的角色不十分重视。这与我国长达两千多年的封建社会影响不无联系。而西方受文艺复兴运动人文主义思潮的影响，主张以个人作为衡量一切事物的尺度，重视人的价值。因此，西方人则内控型居多。

相比而言，内控型的人更容易成为优秀的旅游工作者。他们工作中往往有自信心，有主动性，使客我交往能顺利进行。在遇到问题时，能从自身找原因，不相互推诿、抱怨，不指责客人。这都使其更有可能出色地完成工作。

4. 自卑型与自尊型

所谓自卑，指在和别人比较时，由于低估自己而产生的情绪体验。所谓自尊，即自我尊重，是个人基于自我评价产生和形成的一种自重、自爱、自我尊重，并要求受到他人、集体和社会尊重的情感体验。适当的自卑能使人产生追求卓越的力量，过分的自卑则可能摧毁一个人，让他一事无成。同样，恰当的自尊也是必要的，它是维护个人心理统一性和保持心理健康的重要前提。但一个人优越感过强、自视太高就可能变成一个专横跋扈、自吹自擂、傲慢无礼、爱贬低别人的人。

同样的道理，旅游服务工作者应该有一定的自尊感。因为合理的自尊是与他人正常、和谐交往的前提，也是做好服务工作的心理条件。而太强的自尊心易使人很难"低下头来"为客人服务，难以履行好自己的角色职责。同时，过度的自卑易使人表现得过于敏感、脆弱、攻击性强，容易与客人发生冲突。所以，拥有适度的自卑感和自尊感对旅游服务工作者来说十分重要。

根据以上分析，是否说明不同的人格类型具有优劣之分？而一名优秀的旅游工作者就一定是天生的呢？其实认真分析，你会发现每一种人格类型都不是绝对的优秀，也不是绝对地适合旅游工作，它往往具有两面性。同时，旅游工作本身的复杂性也要求从业人员具有多样的性格特点，在不同的工作环境中表现出与之相适应的人格特征。

（二）依据生活方式划分的旅游者类型

生活方式，即一个人的个性特征，主要是指一个人的兴趣、爱好、看法和价值观念等。个人的生活方式也反映着个人的人格品质。一个人的生活方式与其旅游行为有密切的关系。清静安宁的人一般不喜欢外出旅游，他们即使旅游，也是去那些幽静的度假区，或从事一些比较休闲的旅游活动。喜欢交际的人往往兴趣广泛，对旅游也很感兴趣，他们通常喜欢那些参与性较强的旅游活动。对历史感兴趣的人对文化旅游有浓厚的兴趣。使用信用卡的人旅游消费往往较高，他们往往追求豪华的住宿设施。

根据不同旅游者的人格特征及其在旅游中的表现，可以把不同生活方式的旅游者区分为几种不同的类型：

1. 清静安宁型生活方式的旅游者

以清静安宁为生活方式的旅游者以中老年人居多。他们大都具有较高的文化水平和修养，有相对稳定的职业和较为丰厚的经济收入，有较高的社会地位和美满幸福的家庭。他们富有见解、注重实际、珍惜自己的健康和生命，凡事小心谨慎、脚踏实地、唯恐生活中的不测打破他们平稳安宁的现实。他们家庭观念深厚，把孩子视为生活中最重要的组成部分。他们喜欢环境优美、幽雅宁静的自然山水、田园春色、湖泊海滨，不喜欢喧闹的城市、拥挤的人流。他们喜欢参与垂钓、野营、度假、日光浴、海水浴等轻松而愉快的活动，而不喜欢竞技、滑雪、跑马等剧烈运动。

以清静安宁为生活方式的旅游者，对他们进行宣传和策划的重心是：强调身心健康，突出清洁和宁静，体现自然和放松，紧扣孩子和家庭。

2. 追新猎奇型生活方式的旅游者

这一类型旅游者以年轻人居多。他们视野开阔、精力充沛、思路清晰、富有创见、追求时髦，有知识、有思想，理想色彩浓郁，喜欢冒险和刺激，对于新奇的事物特别感兴趣。他们喜欢远距离的旅游，去人迹罕至没有完全开发的原始森林或刚刚开发的旅游景点。在旅游活动的内容上，他们喜欢参与探险、登山、竞技等富有刺激性的活动，喜欢单独出游或者少数几个人结伴而游。他们旅游生活的准则是：追求新鲜和神秘的经历和体验。

以追新猎奇为生活方式的旅游者，对他们进行宣传和策划的重心是：强调经历和体验，突出新奇和刺激，紧扣理想和时髦。

3. 活跃交际型生活方式的旅游者

这一类型的旅游者以政治家、社会活动家、商人、艺术工作者居多。他们喜欢结识新朋友，善于交际，对各种应酬活动乐此不疲。他们关心政治，积极参加各种社会活动，把旅游作为加强交往、联络感情、增进友谊、扩大影响、提高地位、促进事业成功的手段。他们到处游说，参加集会，并高谈阔论，希冀别人把他当作他们中最活跃的中心人物。这种类型的人性格外向、充满自信、永不满足、不知疲倦、富有理想、容易接受新鲜事物。

以活跃交际型为生活方式的旅游者，对他们进行宣传和策划的重心是：强调交际和应酬，突出地位和名誉，体现自信和理想，紧扣活跃和成就。

（三）自我意识与旅游行为

自我意识是个体对自己的认识和态度，也就是个体对自己身心的评价所形成的"自我形象"，包括对自己生理状况、心理状况、人际关系的认识等。自我意识包括两个方面：主我和客我。主我是自己活动的觉察者；客我是被觉察的自己的身心活动。自我不能脱离自己和他人而独立存在。

1. 自我意识的矛盾诱发旅游行为

自我意识的矛盾是指主我构想的理想的自我与客我代表的现实的自我之间的矛盾。现实永远落后于理想，所以人要不断追求。

自我意识的矛盾是旅游行为的动力之一。个体为了排除消极的自我体验，改善自我形象，都可能去旅游。

2. 旅游行为完善自我形象

自我形象是自己认识自己的一切。旅游行为可以用非常直接的方式促进旅游者自我形象的建立和改善。

任何一个旅游者，都希望通过旅游建立自信、成功、文明、开放、知识广泛、值得信赖、善于交际等积极的自我形象。心理学研究认为，人们不管在什么情况下，都会不惜任何代价来维护和保护自我形象，并且一有机会就要设法抬高自我形象。

旅游产品是最富有象征意义的产品，它们反映一个人事业上的成就、为人处世的经验、社会地位等。所以，自我形象意识强的人常常通过外出旅游活动来提高和改善自己的形象。

自命不凡的游客

在一个旅行团里有这样两名中年游客，他们穿着时尚，看起来是一对夫妇。在其他所有游客都集合上车后，他们才姗姗来迟。一上车就跟导游小张抱怨："怎么搞的，我告诉你们经理给我留两个前排的位置，怎么说了不算啊？你让我们坐哪啊！"小张马上解释："真不好意思先生，车上的座位都是按上车先后顺序排的，您来得晚了点，这样吧！回程的时候大家换一换，您看行吗？"

一听导游说到"来得晚了点"，旁边的夫人不乐意了，"谁晚了？导游，你看看表，才到时间嘛！我们是严格遵守时间的人。时间对我们就是金钱，你怎么不说是别人来早了！"最后，看到其他游客不满地议论起来，他们才不再强辩解。

到了采摘园，别人都在开心品尝无污染的农家特产时，这对夫妇把苹果拿到手里，掂了一下说："你们这儿的苹果太一般了，我去年到英国旅游，你们的苹果跟人家没法比！"

【评析】

游客往往希望通过旅游行为来完善自我形象，但显然案例中的中年夫妇的这种"自我形象完善"过了头。这种自命不凡的游客很容易影响旅游团内的和谐和工作。对此，导游最好的办法是让其充分表现之后，再以诚恳谦虚的态度加以耐心说服。

第二节　人格结构与旅游决策

弗洛伊德将人格的结构划分为本我、自我和超我，三者彼此交互作用而构成人格整体。

（1）本我。本我是人格中与生俱来的最原始的潜意识结构部分，是人格形成的基础。它由先天的本能、基本欲望所组成，如饥、渴、性等，其中以性本能为主。

（2）自我。自我是个体在与环境的接触中由本我发展而来的人格部分。自我按照现实原则活动。自我既要满足本我的即刻要求，又要按客观的要求行事。用弗洛伊德的话说：伊底（本我的音译）像匹马，自我犹如骑手，通常骑手控制着马行进的方向。

（3）超我。超我是同本我相对的。它使社会规则成为自我的一部分（尤其是来自父母的影响），并且阻止本我去寻找自我满足。

本我、自我、超我三者是完全独立的，但彼此交互作用而构成人格整体。一个正常的人，其人格中的三部分经常是彼此平衡而和谐的。本我的冲动应该有机会在合适的现实条件下，并在社会规范许可的范围内，获得适当的满足。

一、人格结构

弗洛伊德精神分析理论的另一重要主题就是人格发展。他将儿童的人格发展分为五个时期，见表 4-2。

表 4-2　儿童人格发展的五个时期

名　称	时　间	基本描述
口唇期	婴儿出生后第一年	口唇刺激（吸吮、吃手指、咬东西等）是愉快的来源
肛门期	儿童从一岁到三岁	幼儿由于排泄粪便解除内急压力所得到的快感经验，因而对肛门的活动产生满足
性器期	儿童四五岁左右	开始产生恋母（男孩）或恋父（女孩）情结，与此同时，他们惧怕双亲中与自己同性的
潜伏期	儿童六岁开始	其兴趣不再限于自己的身体，而是注意周围环境中的事物
青春期	十二岁以后	开始对异性产生兴趣，喜欢参加两性组成的活动，而且在心理上逐渐发展形成了与性别关联的职业计划、婚姻理想等

在弗洛伊德精神分析理论的基础上，新的人格结构理论把人格分成三个部分。它们分别是"父母自我状态""成人自我状态"和"儿童自我状态"。

这三种自我状态大致与弗洛伊德的超我、自我和本我相对应，并以英文中父母（Parent）、成人（Adult）及儿童（Child）的第一个字母 P、A、C 命名。每一种自我状态是思想、情感和行为的独立来源。在任何特定的情况下，个性或自我状态的任何一个组成部分，都对一个人的行为起指导作用。

（一）三种自我状态

1．儿童自我状态

个体首先形成的自我状态就是儿童自我状态。儿童自我状态是一个人经受到挫折、不适当、快乐以及缺乏能力而形成的个性部分。此外，它也是好奇心、创造力、想象力、自发性、冲动性及生来对新发现表示向往的源泉。

儿童自我状态可分为许多子类型，其中“撒泼型”“依赖型”和“服从型”在旅游团中作用明显。

（1）幼儿式撒泼型。“利益交换”和“人际交流”都很清晰，但交往双方地位不对等，一切以“撒泼者”为中心。

（2）幼儿式依赖型。“利益交换”混乱，“人际交流”清晰，交往双方地位不对等，一方依赖另一方。

（3）幼儿式服从型。“利益交换”和“人际交流”都很清晰。

2．父母自我状态

个体形成的第二种自我状态就是父母自我状态。这些行为和态度通常是个人向自己的父母，或向某些父母辈的人模仿来的。父母自我状态的人以权威和优越感为标志，是一个“照章办事”的行为决策者，通常以居高临下的方式表现出来。例如当某人大声地叱责或判断他人的是非，以及纠正其错误或行为举止时，父母自我状态就起指导作用。父母自我状态又可分为许多子类型，其中“命令型”和“安抚型”对旅游团中的社会交往影响较大。前者表现为严父式的批评、命令；后者表现为慈母式的同情、安慰。

3．成人自我状态

个体形成的第三种自我状态是成人自我状态。当一个人成人状态起主导作用时，他待人接物比较冷静，处事谨慎，尊重别人。应该注意，成人自我状态同年龄无关。

（二）自我状态的表现

关于儿童自我状态、成人自我状态和父母自我状态的语言表现、语调和非语言表现（相应的身体动作）见表4-3。

表4-3　儿童、成人及父母自我状态的表现

	语言表现	语　调	非语言表现
儿童自我状态	孩子的口吻：我想要，我要，我不知道，我不管，我猜，当我长大时，好得多，好极了	激动，热情，高尖的嗓门，尖声嚷嚷，欢乐，愤怒，悲哀，恐惧	喜悦，笑声，咯咯笑，可爱的表情，眼泪，颤抖的嘴唇，噘嘴，发脾气，眼珠滴溜溜地转，垂头丧气的眼神，逗趣，咬指甲，扭身子撒娇
成人自我状态	为什么，什么，哪里，什么时候，谁，有多少，怎么样，有可能，我认为，依我看，我明白了，我看	几乎像计算机那样不假思索	直截了当的表情，舒适自如，不是很热情，不激动，漠然
父母自我状态	按理，应该，决不，永远，不要，别，不，让我告诉你应该怎样做，评论的言语：真蠢，真讨厌，真可笑，别再这样做了！你又想干什么！我跟你说了多少遍了？请你千万记住，好孩子，好宝贝，真可怜	高声=批评 低声=抚慰	皱眉头，指手画脚，摇头，惊愕的表情，跺脚，双手叉腰，搓手，叹气，拍拍别人的头，死板，装作军校教官的样子

在一个心理健康的人身上，这三种自我状态处在协调、平衡的关系中，三者都在发挥作用。在不同的情境中，起主导作用的自我状态不同。

二、人格结构与旅游决策行为

旅游者在进行旅游消费决策时，三种自我状态都会起作用。一般来说，人们的旅游动机主要存在于儿童自我状态中。因为旅游活动最明显的特点：满足好奇心，给予乐趣等都正好迎合了儿童自我状态的需要，所以儿童自我状态是最容易被诱惑、被激发的一部分。在旅游促销活动中，我们应该充分认识到这一点：首先要激发旅游者的消费欲望，激发起他们的快乐情感，使其处于"跃跃欲试"的状态。

成人自我状态的作用，就是合理地做出旅游决策。它负责调解儿童和父母自我状态之间的冲突，既要考虑有关旅游的分歧，也要考虑力图做出合理的、客观的决定。成人自我状态需要诸如怎样去旅游地、花多长时间、带多少钱、就近有哪些食宿设施、费用多少等方面的信息，还要得到其他方面的能制订切合实际旅游计划的信息。在未收集到必要的、可用的真实信息前，成人自我状态很可能会推迟旅游。因此，在促销时应进行理性说服，给予其足够的信息参考，使成人自我状态得出"可以""还合适"等结论。

父母自我状态是个人见解和偏见的主要来源。因此，这一自我状态的旅游动机，主要表现在教育和文化上的益处、家庭团聚、工作之间消除疲劳、义务、经济状况、地位、声望。如果这些动机被激发起来，就会使父母自我状态同意儿童自我状态通过旅游尽情娱乐。即使在父母自我状态已同意儿童自我状态进行旅游之后，它还可能坚持已做出的，诸如花多少钱、出去多久这样的规定。这就要求在针对这一自我状态进行旅游促销时，最后要提出一个高尚的或有意义的理由，以满足其父母自我状态需要，比如"这样做既合乎身份，又有利于工作"等。总之，在旅游促销过程中，要做到"打动""合理化""意义化"。

"成人式"交往是最有效的社会交往。旅游服务人员主动交往时应该首先采用"成人式"与服务对象交往。但当旅游者首先采用"非成人"的交往模式时，旅游服务人员应先采用相应的一种方式作为"缓冲"，然后再采用"成人式"做出反应。

第三节 态度偏好与旅游行为

一、游客态度

（一）态度的概念

态度是一个人以肯定或否定的方式估价某些抽象事物、具体事物或某些情况的心理倾向。当人们对一种事物持某种态度时，不管这事物是有形的还是无形的，它就被称为态度的对象。人们对一个对象会做出赞成或反对、肯定或否定的评价，同时还会表现出一种反应的倾向性，这种倾向性就是心理活动的准备状态。所以，一个人的态度不同，就会影响到他的行为趋向。

（二）态度的构成

态度是个人的内在结构，它由三种成分构成，即认知成分、情感成分和意向成分（如图 4-3）。

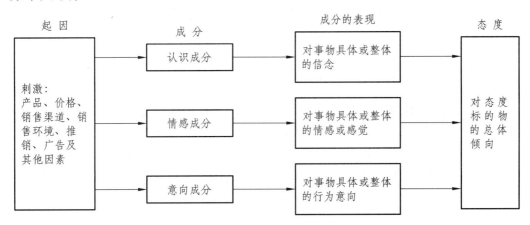

图 4-3　态度的组成成分及其表现

1. 认知成分

认知成分是指人对态度对象，如对他人、物、地方、事件、思想、形势、经历等方面所持有的信念和见解。例如：夏季海滨旅游可以增进身体健康、桂林的山水是优美的，中国的旅游服务质量是比较高的，这些都是对旅游对象和旅游条件的认识和看法，是旅游态度的认知成分。认知成分也可以简单理解为我们平时所说的印象，它是态度形成的基础。同时，对同一对象，不同的人可能有不同的信念和见解。例如，一些人认为北京名胜众多，文化气息浓厚，经济发达，而另一些人则认为北京过于拥挤，交通不畅，气候恶劣。

2. 情感成分

情感成分是指对人、对事所做的情感判断，它是态度的核心并和人们的行为紧密相连。从这个意义上说，概括性情感是态度的决定因素。它有强有弱，或持久或短暂。如喜欢山水风光旅游，喜欢在旅游中和当地居民接触，不喜欢在旅游中单纯参观建筑物，这些都是情感成分。

3. 意向成分

意向成分是个人对态度对象的肯定或否定反应的倾向，即行为的准备状态——准备对态度对象做出某种反应。意向因素不是行为，而是行为之前的思想倾向。比如说，有的人想去海滨旅游、有的外国人想来中国旅游、有的人希望乘飞机去旅游。这里的"想去""想来""希望"都表示了人们实际行动前的行为倾向，这就是旅游态度的意向成分。

态度的三种成分一般是协调一致的，同时三者协调程度越高态度就越稳定，反之则不稳定。但有时它们之间也可能发生矛盾，造成三者关系的失调。当三者矛盾时，情感因素起主导作用。例如对中国的旅游态度：认为中国既有优美的自然风光，又有丰富的文化历史古迹，而且开展了富有情趣的旅游活动（这是认知成分），因此旅游者会觉得很有意思，自己很喜欢中国的旅游活动（这是情感成分），从而非常愿意并决心争取到中国来旅游（这是意向成分）。

（三）态度的特征

1. 对象性

态度反映了主体与客体的关系，必须针对特定的对象，才能产生具体的态度，若没有对象，就谈不上什么态度。人们做任何事情，都会基于某种态度，在谈到某一态度时，就会提到态度的对象。例如，对某个酒店的印象如何，对酒店的收费有何感觉，对服务员有什么看法等，没有对象的态度是不存在的。

2. 社会性

态度是通过学习获得的，不是生来就有的。态度不是本能行为，虽然本能行为也有倾向性，但这是不学就会的；而所有的态度都不是遗传来的，而是后天获得的。因此态度的社会性也被称为习得性。比如，客人对某酒店的态度，或者是他自己在接受服务的过程中通过亲身观察得来的，或者是他通过广告宣传、他人评价等间接影响而形成的。

3. 内隐性

态度是一种内在结构。一个人究竟具有什么样的态度，我们只能从他外显的行为中加以推测。例如，一个员工在业余时间总是抱着各种专业书在看，那么我们就可以从他的行为来推测他对学习是抱着积极的态度。

4. 相对稳定性

一般态度形成后，在相当长的时间内都保持不变。同时，它作为人格的有机组成部分，使人在行为反应上也表现出一定的规律性。比如，客人在某酒店接受了良好的服务后，感觉很好，从而形成了对这家酒店的肯定的态度，以后当他再有这种需要时，很可能还选择这家酒店。这就是通常所说的"回头客"。回头客的多少既反映了酒店服务质量的高低，也反映出了客人态度的稳定性。

5. 价值性

价值观是态度的核心。价值是指作为态度的对象对人所具有的意义。人们对于某个事物所具有的态度取决于该事物对人们的意义大小，也就是事物所具有的价值大小。

事物的主要价值有六种：理论的价值、实用的价值、美的价值、社会的价值、权力的价值、宗教的价值。

事物对人的价值大小，一方面取决于事物本身。比如，客人对某酒店的态度，主要取决于该酒店能为客人提供什么，如地位（社会的价值）、休息（实用的价值）等；另一方面，也受人的需要、兴趣、爱好、动机、性格、信念等因素所制约。所以，同样一件事，由于人们的价值观不同，因而会产生不同的态度。为此，能满足个人需要、投合人的兴趣爱好、与人的价值观念相符的事，人们会产生正面的态度，反之则产生消极的态度。

6. 调整性

态度的一个重要特点就是它具有调整功能。所谓调整就是当事人在社会奖惩或亲朋意见及榜样示范作用下改变自己的态度。这种功能有助于旅游者在心理上适应新的或困难的处境，使自己不必亲身经历或付出代价而达到态度的改变。在旅游活动中最常见的就是人们根据他人或社会的奖惩来调整或改变其态度。例如，某人准备到某旅游胜地去度假，当其同事或朋友表示了不同的看法，或看到游客在此地受到不公正对待的报道后，他就很可能改变原来的态度，取消这次旅游或到别的地方去旅游。

态度除以上六个较明显的特征外，还有其他一些特征，例如复杂性、协调性、情感性、评价性和广泛性等。

看景不如听景？

某家旅行社积极宣传推介一条新的旅游线路，在旅行社多种宣传手段和方法的推动下，终于组团成功。结果旅游者乘兴而来，失望而归，不少人发表了"看景不如听景"的观感，甚至有上当受骗的感觉。

【评析】

首先，这家旅行社的旅游宣传工作行之有效，成功地改变了旅游者的态度，使旅游者做出了旅游决策，产生了旅游行为，这是值得肯定的。其次，这家旅行社在宣传中，信息可能失实，只片面夸大该旅游线路吸引人的优点的一面，对缺点不讲，或者是少讲。所以，旅游者事后会有"看景不如听景"的观感，还有些旅游者会产生上当受骗的感觉。这说明旅游者的态度具有易变性和不稳定性的特点。

二、态度与旅游决策

（一）态度形成旅游偏好

态度虽然只能间接预示人们的旅游决策和行为，但却能直接体现人们的旅游偏好，而旅游偏好与旅游决策之间又有着直接的紧密联系。所谓旅游偏好，是指人们趋向于某一旅游目标的心理倾向。心理学研究表明，态度是偏好形成的基础。其强度和复杂性对偏好的形成具有重要影响。

1. 态度的强度

人们对某一对象的态度强度与态度对象的突出属性有关，而态度对象的突出属性对人的重要程度是因人而异的。任何事物都有许许多多的属性（形状、外观、价格等），人们对事物的认知是针对事物的具体属性而言的。不仅如此，对于同一个人来说，随着他的需要或目标的改变，其态度对象的突出属性也会发生变化。

由此可见，态度对象的突出属性与人们旅游的需要有关，即与他们期望通过旅游所获得的主要收获有关。"收获"在旅游行为和旅游决策中是一个重要概念，人们正是为了获得某种收获才去旅游的。当然，收获的含义是非常广泛的。比如，人们并不是为了大海本身而去大连，而是因为大海对他们确实有某些好处，例如，在大海里可以游泳、在海边气候凉爽可以避暑、在大海里可以使人身心愉快，等等。

同样，人们也并不是为了产品或服务本身才出钱去购买，而是因为这些产品或服务能够提供某种收获。因此，对于旅游工作者来说，重要的是要按照旅游者所寻求的收获去理解旅游者的行为，要能够识别与他们的服务相联系的突出属性。也就是说，要真正做到自己提供的正是旅游者所需要的。

当然，做到这一点也是非常不容易的。因为一方面如前所述，每一种属性的相对重要性是因人而异的；另一方面，在有些时候通常被我们看作是非常重要的属性，实际上有的游客并不把它看得特别突出。例如，对于某个大型航空公司来说，空中旅游者当然很关心航空公司的安全记录，但是他们往往以为所有大型航空公司的安全记录都差不多。因此，当人们在选择两个大城市之间的飞机航线时，安全就不是一个突出的属性了。其他因素如航班时间、舒适程度、价格和飞机类型等就可能成为突出属性。

2. 态度的复杂性

态度的复杂性是指人们对态度对象所掌握的信息量和信息种类的多少，它反映了人们对态度对象的认知水平。人们对态度对象所掌握的信息量和信息种类越多，所形成的态度就越复杂。

一般说来，复杂的态度比简单的态度更难以改变。比如，对旅行支票的态度属于简单态度。如果一位旅游者之所以对旅行支票持否定态度，只是因为他并不认为这些旅行支票真的有用，那么只要向他指出一个人离家在外时丢失钱包是多么不方便，他就会改变这种态度。然而，一个对于出国旅游持否定态度的人，要改变他的态度倾向就非常难。即使他相信别人所说的出国旅行的费用很合理，他可能仍然会坚持自己的否定态度，理由是文化环境陌生、饮食或传统不同等。要改变他对出国旅游的否定态度，必须改变整个态度中的许多成分。

（二）态度影响旅游决策

旅游决策指旅游者做出有关旅游的决定。一般而言，旅游者的决策过程经历了识别旅游需求或旅游环境、寻找旅游相关信息、做出旅游决策三个阶段。

态度一般通过简化人们对复杂信息刺激的反应和决策制订的过程这一方式来服务人类的需要。通过这种方式，消费者的态度很可能控制其购买决策行为，旅游者的决策行为亦是如此。因此，我们可以说，某一地区、服务或产品的良好形象的形成在很大程度上依赖于消费者态度的形成或态度的改变。

三、如何改变旅游者态度

通过对态度的分析，我们清楚地看到态度是对旅游活动有重要影响的心理因素。它不仅影响旅游个体的选择，而且影响个体旅游的效果。正是由于旅游态度对旅游行为有这样大的作用，旅游活动的组织者和经营者，都希望有更多的人对自己开展的活动抱有积极的态度。但是，现实生活中人们不可能对旅游都抱有积极的态度，更不会对某种特定内容的旅游活动普遍抱有积极态度。于是，旅游活动的组织者和经营者，都希望那些对旅游存在消极态度的人改变态度，以有利于旅游事业的发展，这就涉及以下问题：人们的旅游态度能否改变？影响态度改变的因素有哪些？通过什么途径，采取什么方法能够比较有效地改变人们的旅游态度？下文将就围绕态度改变的有关问题进行讨论。

（一）改变态度的可能性

1. 改变态度的可能性

前文已提到过，态度具有相对的稳定性，但它作为对对象和条件的主观反映，是后天形成的，而不是先天具有的。因此，态度的形成、存在，依赖于一定的条件，这些条件的性质发生变化，就会引起态度的变化，旅游态度也是如此。比如，一个人对去国外旅游可能持很肯定的态度，但他却从未去国外旅行过，因为他对节俭持有更为强烈的肯定态度。

2. 改变态度的两种形式

表4-4表示态度的两种改变形式的具体内容。

表4-4 态度的两种改变形式

类　型	原来的态度	改变后的态度
一致性改变	赞　成	非常赞成
	非常赞成	赞　成
	反　对	非常反对
	非常反对	反　对
非一致性改变	赞　成	反　对
	反　对	赞　成

（二）影响旅游态度的因素

1. 态度的特点

态度的强度、态度的价值性、态度的三种成分之间的关系以及原先的态度与要求改变的态度之间的距离等都能对旅游者态度的改变产生影响。

（1）态度的强度直接影响旅游者态度的改变。

旅游者态度的强度是指旅游者对某一旅游对象赞成或反对、喜爱或厌恶的程度。一般来说，旅游者受到的刺激越强烈、越深刻，态度的强度就越大，因而形成的态度越稳固，也越不容易改变。如旅游者在旅途中发生重大交通事故，或在住宿过程中贵重物品被损坏或丢失，会使旅游者产生强烈的恐惧或不满，因而对某种交通工具或某家饭店产生强烈的否定情绪。这种态度一经形成就难以改变。

（2）态度的价值性也对旅游者的态度产生重要影响。

态度的价值性是指态度的对象对人的价值和意义的大小。如果态度的对象对旅游者的价值很大，那么对他的影响就会很深刻，因而一旦形成某种态度后，就很难改变；反之，态度的对象对旅游者的价值小，则他的态度就容易改变。

（3）构成态度的三要素（认知成分、情感成分、意向成分）一致性越强，越不容易改变。如果三者之间直接出现分歧、不一致，则态度的稳定性较差，也就比较容易改变。

此外，态度形成的因素越复杂，越不容易改变；旅游者原先的态度与要求改变的态度之间的距离越大，往往越难以改变。

2. 旅游者本身的因素

（1）需要。

如果能最大限度地满足他当时的需要，则容易使其改变态度。

（2）性格特点。

从性格上看，凡是依赖性强、暗示性高或比较随和的人容易相信权威、崇拜他人，因而容易改变态度。反之，独立性强、自信心高的人则不容易被他人说服，因而不容易改变态度。

（3）智力水平。

一般而言，智力水平高的人，由于具有较强的判断能力，能准确分析各种观点，不容易受他人左右。反之，智力水平低的人，难以判断是非，常常人云亦云，因而容易改变态度。

应该注意的是，这里所提到的智力水平不应该简单理解为智商的高低。因为判断能力会因社会实践、受教育程度等而改变。因此可以将智力水平理解为知识的积累。

因为态度具有认知成分，知识可以使人形成一定的态度，也可以使已经形成起来的态度发生改变。对于同自己没有直接关联的对象，人们有关态度的基本倾向是认知性的，此时知识的作用就更加明显。

（4）自尊心。

自尊心强的人，心理防卫能力较强，不容易接受他人的劝告，因而态度改变也比较难。反之自尊心弱的人则敏感易变。

（5）经验的情绪后果。

社会心理学家发现：某些导致心灵创伤的经历，哪怕仅仅是一次，就可以使人形成十分稳固的态度，而且这种态度还会泛化到相关或相似对象之上。"一朝被蛇咬，十年怕井绳"就是个非常典型的例子。

3. 外界条件对态度改变的影响

（1）信息。

旅游者在行动前，会主动收集各种有关的信息。各种信息间的一致性越强，形成的态度越稳固，因而越不容易改变。

（2）旅游者间的态度。

旅游者之间的意见交流，不会被认为是出于个人的某种利益，也不会被认为是有劝说其改变态度的目的，因而不存在戒备心理。此外，由于旅游者之间角色身份、目的和利益的相同或相似性，彼此的意见也容易被接受。

（3）参照群体。

旅游者的态度通常是与其所属团体的要求和期望相一致的。这是因为团体的规范和习惯力量会无形中形成一种压力影响团体内成员的态度。比如，虽然某游客非常想到国外去看看异国风光，但由于他所在团体的人们都在国内旅游，所以他也就打消了去国外旅游的念头，这就是所谓的群体压力下的"从众行为"。

（三）改变旅游态度的策略

1. 更新旅游产品，提高旅游产品质量

旅游产品是旅游者在旅游过程中所购买的各种物质产品和服务的总和。从某种意义上讲，更新旅游产品是改变旅游者态度最基本的有效方法。

从我国旅游业的现状看，旅游产品存在的主要问题是种类少、结构简单、交通落后、产业观念相对滞后。例如，十一黄金周由于交通"瓶颈"，使人们外出旅游时最头疼的就是买票难问题，也因此使许多人退出了旅游者队伍。而前些年一窝蜂兴起了游乐宫热，使全国各地一套模式修建了"西游记宫""历险宫"等，现在大多因经营不善而关门歇业了。

鉴于这种情况，为了改变旅游者的态度并促进旅游业本身的持续发展，必须更新旅游产品，不断提高旅游产品的质量。

（1）改善旅游基础设施的建设。

旅游基础设施包括交通、通讯、金融、文化娱乐、宾馆饭店等。旅游接待设施的建设要跟上时代发展的进步，要适应日益繁荣的经济环境的要求。

（2）运用先进技术，提高服务水平。

先进的科学技术可以简化服务过程，这既节省了时间，又方便了旅游者，有助于旅游者形成更加肯定的态度或变消极的态度为积极的态度。

（3）对旅游从业人员进行业务训练，提高人际交往的能力。

比如，美国航空公司对所有雇员进行了业务分析的训练，提高一线员工的人际交往能力和技巧。

（4）运用价格策略。

对一般人来说，旅游服务项目的价格是一个比较突出、比较敏感的问题。因此，适当地运用价格策略，可以使旅游者产生公平合理的感觉。例如，在物价上涨的情况下，降低一些产品的价格或保持价格不动，但增加服务的品种和项目，可以收到较好的效果。此外，也可以改变服务的手段和策略，如预定车船票、代办金融信贷等业务，这些都可以改变旅游者的态度。

2. 重视旅游宣传，传播新知识

态度的形成依赖于旅游者对态度对象的认识。通过旅游宣传，向旅游者传送新的知识和新的信息，有助于旅游态度的改变。在旅游宣传的过程中，要注意以下几个方面的问题：

（1）要进行全方位的适度重复宣传。

客源问题一直是国际旅游市场展开激烈竞争的中心。市场宣传的方式多种多样，旅游宣传应该充分利用这些方式，以最大限度地开发旅游市场。

以日本为例，日本在进行海外旅游宣传活动时，就运用了诸如广告、专栏报道、举办旅游讲座、邀请外国旅游商和国外信息联络员进行合作、出国进行民族艺术表演以宣传文化传统、派遣旅游代表团出国做访问宣传、发行精美的旅游宣传手册、用风光电影片来宣传、加入国际旅游组织并配合宣传等全方位的宣传手段。

除了利用多种多样的宣传手段外，适度重复的宣传也有利于旅游者态度的改变。特别是对于具有强烈态度的个体，必须反复不断地使其接触新信息直至其防御机制逐渐减弱。当然，过度的反复非但不能起到很好的宣传效用，反而会使旅游者产生逆反心理，即增强了旅游者的消极、否定态度，正所谓"物极必反"。

（2）要有针对性地组织宣传的内容。

对于某个具体的宣传材料来说，其内容的组织方式也是非常重要的。提供知识材料的方式有两种：一种是只提出正面的材料，另一种是同时提出正反两方面的材料。选用哪种方式效果好，主要取决于以下三个条件：

一是客观情况。如果听众（包括观众与读者，下同）不知道反面材料，适于只提供正面材料，这有利于形成并加强肯定的态度。如果听众本来就知道反面的材料，这时应当主动地提供正反两方面的材料，并用充分的证据证明反面材料的错误，这有利于增加正面材料的信度，形成稳定的态度，并使听众增加对反面材料的"免疫力"。

二是接受者的态度和智力。若接受新知识的人一开始就对正面材料持肯定态度，提出正面材料有助于加深和巩固肯定的态度。若接受新知识的人一开始就对正面材料持怀疑或反对的态度，则应同时提供正反材料，这有助于削弱对方的防卫心理，消除其怀疑，改变其反对态度。智力较高者有独立分析能力，同时提供正反面材料，有利于增加其对新知识的信任，形成较稳固的肯定态度。智力较低者独立分析能力较差，只提供正面材料有利于较快地产生肯定的态度。

三是宣传的任务。如果传播新知识的任务在于使对方尽快形成肯定态度，为解决当务之急，最好只提供正面材料。如果传播新知识的目的是为了使人们形成长期稳定的态度，则应同时提供正反两方面的材料，使对方通过对比形成对正面材料的稳固态度。

（3）要逐步提出要求。

通过说服宣传来改变旅游者的态度时，如果要求其改变的态度与原来的态度差别过大，则应逐步提出要求，不断缩小差距，最后达到完全改变。否则，一下提出过高要求，不但难以改变旅游者原来的态度，反而也会使其产生逆反心理而更加坚持原来的态度。因此，宣传者想要改变旅游者的态度，应该从不断从缩小态度差距着手，这样才能使旅游者接受宣传者的态度，从而改变原来的态度。

（4）诉诸情感或诉诸理智。

理智和情感两个因素对改变态度的作用并不是完全相互排斥的，两者适当的结合对促使人们改变态度会达到较好的效果。人们常说的"动之以情，晓之以理"就是具体的运用。另外，在传播新知识时，首先利用情绪因素引起人们对材料和观点的兴趣，然后利用充分的论据进行说理论证，对态度的改变或形成会收到长期的较好效果。

3. 引导人们参加旅游活动

就旅游产品而言，旅游者潜在的态度改变中最重要的因素是旅游体验本身。因此，要改变对旅游活动持消极态度的对象就可以组织一次旅游活动，邀请他们来参加，让其亲身体验一下旅游活动所带来的乐趣，他可能从此改变对旅游活动的态度，从而成为旅游活动的积极分子。

对旅游者态度的研究有利于我们更深入地理解其旅游行为，选择适当的旅游服务。但由于态度是种心理体验，不能直接被观察到，只能通过人们的语言、表情、动作等进行判断，这也就为我们增加了困难。比如，游客对导游的服务满意时，常常表现出温和、友好、礼貌、赞赏等；反之，游客可能表现出烦躁、易怒等，甚至制造事端。因此，面对游客的投诉或产生矛盾、冲突时，导游不能只是就事论事，认为游客是无事生非，应该想到这很可能是游客不满意态度的一个表现。因而应该尽量安抚游客，从根本上改变游客不满意的态度。

◇ 本章小结

本章讲述了人格特征、人格结构和态度偏好三部分内容。介绍了人格类型、自我意识和生活方式，以及因此划分的旅游者类型。主要分析了三种自我状态在旅游者消费决策过程中的作用。此外，还介绍了态度的基本知识及其对旅游偏好形成的影响，重点分析了旅游者态度改变的可能性和策略。

◇ 核心概念和观点

人格；自我意识；态度；旅游偏好。

★一般来说，人们的旅游动机主要存在于儿童自我状态中。在旅游促销活动中，我们应该充分认识到这一点。

★某一地区、服务或产品的良好形象的形成在很大程度上依赖于消费者态度的形成或态度的改变。

★旅游者态度不仅影响旅游个体的选择，而且影响个体旅游的效果。

◇ 思考题

1. 文中分析了人格类型对旅游工作人员的影响，试讨论不同人格类型对旅游者行为的影响。

2. 根据不同依据试判别自己或他人属于哪种人格类型以及生活方式的旅游者，并彼此交换结果看是否一致。

3. 假设你是一名导游，请根据游客的语言来判断他们的哪种自我状态在起主导作用，并且思考一下你应该如何回答。

（1）客人甲对你说："你必须搞到我的飞机票。"

（2）客人乙的护照丢了，跑来对你说："王先生，我的护照不见了！这可怎么办呀？"

（3）70岁的老人走失了，他太太对你说："哎呀，王先生。不得了啦，你看怎么办呀？"

（4）你让客人准时上车时，客人丙嘴一撇说："别理他，我们走我们的！"

4. 假设你是一名带团旅游杭州的导游，当天的预定计划是游西湖，但天公不作美，下起了雨，因此很多游客不想雨中游览，但为了之后的行程可以顺利进行，你必须说服游客，使他们改变态度。请问，你该怎么做呢？

第五章　旅游服务双方的心理互动

【学习目标】

□知识目标：通过本章的学习，理解并掌握旅游服务中客我交往关系的特点、旅游服务对旅游者和旅游工作者的不同意义，明确功能服务与心理服务的概念以及心理服务的重要功能与实质。

□技能目标：结合自身对本章节基础知识点的理解和案例的揣摩，学生应知道在现实旅游服务中如何较好地把握客我交往的范围与限度，并能为旅游者提供令其满意的"双重服务"，以期用优质服务来满足旅游者所有的合理需要。

□能力目标：通过掌握旅游服务心理环境的分析方法并结合具体情景的实战模拟，学生应能在不同的服务场合自如应对不同心境的旅游者，并将旅游服务中的"硬件"与"软件"有机结合，为旅游者提供优质服务，通过自身表现树立企业良好形象。

第一节　旅游服务中的客我交往关系

人类的社会交际活动是复杂多样的，旅游活动中的人际交往也不例外，其大致可分为三类：一种是服务人员与客人之间的交往，称之为"客我交往"，这是旅游工作中人际交往最典型、最有价值的；第二种是客人之间的相互交往，通常情况下此类交往发生的频率较低；第三种是服务人员之间的交往。本节主要探讨第一种情况，第二种情况由于发生频率较低本书不予讨论，第三种情况则在后面章节论述。

一、客我交往的形式与交往状态分析

所谓客我交往是指旅游服务人员与客人之间为了沟通思想、交流感情、表达意愿、解决在旅游活动中共同关心的某些问题，而相互施加影响的各种过程。

客我交往的形式分为直接交往和间接交往两种。直接交往可以理解为运用人类自然交际手段（语言、面部表情、身体语言），面对面地心理接触。间接交往是借助书面语言、大众传播媒介或通信技术手段所形成的间接心理接触。直接交往的优点是反馈迅速而清楚，相对而言，间接交往的反馈联系则比较困难。因而心理学家通常把直接交往简称"交往"，而把间接交往称为"沟通"。

直接交往必须具备一定条件才有可能进行：交往双方的一方想发出某种信息，另一方想收到这种信息；交往双方期望获得一定的效果；交往双方都有意或无意地力争达到相互了解；双方各自支配着对方的反应。

在旅游服务中上述两种交往形式同时存在，并多以直接交往为主，可以说，它是影响服务效果的主要因素。怎样增进客我交往，进而通过客我交往使客人对旅游服务产生良好的回应，南开大学甘朝有、齐善鸿两人合著的《旅游心理学》一书中，对客我交往心理状态的假设很有参考价值，在此加以转述。

此假设将人的心理状态划分为两个维度，即积极性和情绪性，并设定可测量人的积极性和情绪性的单位，该人积极性和情绪性的高涨用正数表示，低落用负数表示。将这一假设画成坐标图，如图 5-1 所示。

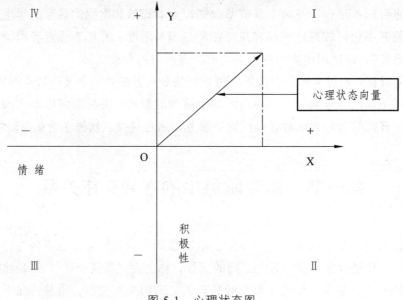

图 5-1　心理状态图

其中，x 轴代表情绪，y 轴代表积极性。每个人情绪和积极性的不同数值都能在图上找到，并合成一个交叉点，这个点表示人的心理状态。

从图中可以看出，坐标系所划分出的四个自然区域恰好可以把人的心理状态分为四种类型。

Ⅰ区表示该人的情绪很好，积极性很高。在这种状态下人显得轻松愉快，活跃好动，容易接纳他人、易于接近。

Ⅱ区表明该人情绪很好，但积极性不高。这时候人一般比较沉静、自得其乐，有种沉浸其中的感觉。

Ⅲ区表明此人情绪不好，积极性也不高。这时人看起来意志消沉、心灰意懒，有种暴风雨过后还没缓过劲来的感觉。

Ⅳ区的人情绪不好而积极性却很高。此类人可能刚刚遭遇挫折，心情焦虑愤懑无从发泄，此时他最易寻衅滋事，与他人发生冲突。

从客我交往角度看，只有客我双方心理状态向量的合力落在Ⅰ区才是最佳结果。就是说服务人员必须永远把自己的心理状态点调整到Ⅰ区，依据客人的情况采取相应的服务行为，以期双方的交往产生好的结果。

一般而言，处于Ⅰ区的客人最易于交往，它和同样处于Ⅰ区的服务人员交往的结果只能是好的；如果客人处在Ⅱ区，即客人情绪不错，但积极性不高，此时服务人员就大有用武之地了，要想办法感染他、影响他，把客人的积极性提高上来，从而促进消费；如果客人心理状态处在Ⅲ区，交往难度是很大的。这种客人情绪和积极性都处于低潮，作为服务人员要想把这两方面全面扭转过来，通常是办不到的。在这种情况下要首先设法调动客人的情绪，然后再调动其积极性；客人心理状态处于Ⅳ区是最危险的，这类客人情绪很坏，但积极性却很高，属于气急败坏、寻衅滋事者。他们可能装了一肚子火在伺机发泄，正在寻找攻击目标和替罪羊。此时的策略是：服务人员根据经验应迅速判断出这类"危险"的客人，提供迅速而谨慎的服务，不要过分殷勤，应以避免冲突为最佳选择，不求有功、但求无过。因此，服务人员应当练就一双"火眼金睛"，能在短时间内了解客人的情绪状态，并立刻反映在自己的服务行动上，从而达到较好的服务效果。

二、旅游服务中客我交往的特点

1. 短暂性

旅游交通与市场经济的迅猛发展，使注重高效益的旅游者穿梭般地往返于各地，形成了旅游服务交往频率高、时间短的活跃局面，短暂性的特点愈加突出。客人在一个目的地的逗留时间不会很长，一般只有1~3天，而其中大部分时间在市区或景点观光游览或办理事务，在饭店内逗留时间较少，因而客我之间接触的时间也相应短暂，客我之间相互熟悉了解的机会也随之减少。

2. 公务性

在一般情况下，旅游服务人员与客人的接触只限于客人需要服务的时间和地点，否则是一种打扰客人的"犯规"行为。客我之间的接触只限于公务而不涉及个人关系，更不可能了解对方的全部历史、全部家境和全部性格。客我之间若发生公务以外的往来，可能会导致损害旅游公司声誉的情况出现，一般说来是不可取的。

3. 不对等性

客我之间的接触通常是一种不对称的过程，即这种接触中只有旅游消费者对旅游服务人员下达指令提出要求，而不存在旅游服务人员对客人提出要求的可能。这种不对等接触表示旅游服务人员必须服从和满足客人的意愿，双方关系是不对等的。对于一些传统观念较深的旅游服务人员，常常由于不能正确理解和处理这种不对等关系而陷入自卑或逆反心理状态，给旅游公司的管理和服务质量造成消极影响，不利于旅游公司的声誉。

4. 个体与群体的兼顾性

在旅游活动中，一般情况下旅游服务人员接待的是一些个性心理相异、具有不同消费动机和消费行为的旅游者个人，因此，在交往中依据每个旅游者个体的个性消费特征向他们提供服务，就成为交往的主要方面。但旅游活动的复杂与特殊现象，使得一些同一社会阶层、同一文化、相同或相似职业的人聚集在一起组成同质旅游团，在消费过程中便出现从众、模仿、暗示、对比等群体消费特征。因此，旅游服务人员在客我交往中必须注意个体与群体的兼顾。

三、旅游服务客我交往的沟通方式

沟通是指双方通过一定的信息交流而达到相互了解的过程。在旅游活动中，旅游者与旅游工作者之间经常不断地进行各种各样的信息交流。这种沟通方式主要有两种：语言沟通与非语言沟通。

（一）语言沟通

言语是人运用语言进行思考，并用以表达思想和交流信息，影响他人的过程。

现代社会中，人们越来越重视交往，而交往能力的高低，与人的表达能力关系密切，正如一名合格的外交官必须拥有过人的口才、能言善辩。一个人将自己的见解用明晰的语言，缜密的逻辑，再辅以传情达意的动作来表达，就使口头语言有了综合感染力。

1. 语言沟通的原则

旅游服务人员在与客人进行语言沟通时要遵守以下几个原则：

（1）选择准确表达思想内容的语句。

选用合适的语句，准确、恰当地表达自己的思想是与客人进行顺利交往的首要一环。"言不在多，达意则灵"，交谈时要慎重地斟酌措辞，不要造成歧义，使客人误解。导游在讲解过程中，语言要讲逻辑顺序，不要颠三倒四，啰唆重复，使客人抓不住要领，听不出所以然。

（2）言语交往要适合特定的交往环境。

言语交往都是在特定的交往环境中进行的。一般包括谈话的对象、时间、地点、场合、情绪等。讲话的语言要适应不同对象的特点，首先要弄清客人的年龄、身份、职业、文化修养，针对不同的对象，交谈不同的内容，采用不同的语言形式。比如，在旅游接待中，与外宾讲话，就要讲究分寸，不卑不亢；与年长的人讲话，要用尊重的口气；与年轻的人讲话，就要真诚、亲切。与一名音乐教师可以谈对音乐的欣赏，但面对从事农业的农民就不能谈这个话题，而应谈庄稼与收成之类的话题。

2．旅游交往中的语言表达技巧

旅游交往中的语言表达要注意以下几个方面：

（1）旅游服务用语。

旅游服务交往中的用语是相当丰富的。由于服务工作的特殊性，要求服务人员在服务中正确使用礼貌用语。常用的有："对不起""别客气""谢谢""您好""再见""欢迎再来"等。

"对不起"，包含着道歉、赔礼的意思。服务人员与宾客双方在服务与被服务的过程中不够默契的时候，服务人员就应主动地表示歉意。比如总台、餐厅的客人过多时，由于服务人员顾不过来而使一些客人受到冷落，或客人的某一要求得不到及时满足等，服务人员都应该向客人表示歉意，这就需要说声"对不起"。

"别客气"，体现了服务人员的虚心和谦逊。优秀的服务人员常常赢得客人的赞誉，面对这样的情况，服务人员要更虚心，以示再接再厉，此时就应说声"别客气"。

"谢谢"本该是客人的常用语，但服务人员也应常常向客人说声"谢谢"。这是因为在服务过程中，如果没有被服务者，没有被服务者的光顾与配合，就没有了服务对象，也达不到服务的目的，更谈不上企业的经济效益和社会效益。

在接待客人时，服务人员向客人说声"您好"，表达服务人员真挚的问候和情意。尤其对客人中的长者，服务人员更应主动道声"您好"，以示尊重和敬意。

客人临别时，服务人员应向他们说声"再见""欢迎再来"，这一方面表示服务人员坚持信誉第一，在服务成功后，仍暗示客人服务中有不周到的地方，请客人诸多指正；另一方面，也是暗示客人"下次再来"。

（2）声调的使用。

说话声调能直接影响服务交往的效果。比如当客人刚进酒店时，服务人员说的"您好""请进""请坐"等用语，因为蕴含着"您的光临使我们非常高兴"的意思，这时的声调应当响亮而有朝气，以表示一种喜悦的心情。如果声音太小，客人就会觉得你不冷不热，态度傲慢。但声调也不宜过高，否则，刚进门的人会觉得你很做作，已在店内的客人也会觉得厌烦。客人离店时，服务人员说的"再见""欢迎再来"等用语，以亲切、热情为宜，表达依依惜别之情。如果音量过大，声调过高，客人会以为服务人员不耐烦了，反而造成误会。

善意的"谎言"

　　北京导游廖先生带着一个十人的加拿大旅游团在城内游览。当车子行驶到长安街的时候，一位客人指着街道上方悬挂的彩旗询问彩旗是欢迎何人的？廖先生因不知道当天有哪国的贵宾来访，此前又没有经过悬挂来访国国旗的地方，便说："今天有一个从加拿大来的旅游团访问北京，这些彩旗是专门欢迎他们的。"大家先是一愣，然后恍然大悟，开怀大笑，纷纷鼓起了掌。

　　当旅游团在公园附近一家酒店吃晚饭时，司机师傅告诉廖先生，最近那里的治安不好，曾有旅游团放在汽车内的物品被盗，所以请客人下车时把自己的照相机带下去。廖先生想，直接告诉大家容易引起紧张情绪，而且有损首都的形象。于是他对客人们说："今天我们要在一个景致优美的公园旁边吃饭，吃完饭司机师傅还要去加点汽油，我们可以利用这段时间拍拍照。"听他一说，大家连忙拿起了准备留在车上的照相机。

【评析】

　　本案例中的导游人员在服务过程中，能够很好地揣测游客心理，在回答客人的提问时，机敏而风趣的回答使游客拍手称快。在旅游中，许多导游员为了更好地完成任务，满足游客求知的心理，接待过程中可能都曾经有过说上几句善意"谎言"的经历。其实这样做有时还会产生一些意想不到的效果，使事情更容易处理。因为使用这种技巧不是为了欺骗客人，就像不能直接告诉病危病人真实病情一样，是为了减轻客人的心理负担和不必要的纠纷。当遇到客人的某些要求不能满足又不好讲明原因时，最好使用这种方法，并在使用时注意技巧，必要时还要加上一些幽默的语言。例如，当外国游客要求到一些不开放的单位参观时，你如果告诉他们真正的原因，很可能伤害其自尊心，而以内部维修或公务繁忙为由，则容易得到他们的理解。总之，不能用简单的否定词来拒绝客人。

（二）非语言沟通

　　非语言沟通是人们通过使用不同于言语的方式来沟通感情、交流信息的过程，通常包括身体动作、面部表情、穿着打扮、交往距离等内容，一般称作身体语言。

　　据估计，在两个人的交往场合中，大约有 65%的"含义"是通过非言语的方式传递的。美国社会心理学家艾伯特·梅拉比认为：信息的全部表达 = 55%表情+38%声音+7%言语。曾有人说过：当语言交流与非语言交流出现矛盾时，一定要相信非语言交流所传达的意思，这才反映了该人的真实意图。不管这些看法是否完全正确，但都说明了身体语言在社会交往中的作用，尤其在某些特定场合，比如在那种不便说话、不愿说话或言语不通的场合，身体语言有直接的表意作用，人的思想、感情等也会从体态语中反映出来。在旅游交往中，身体语言主要包括以下几个方面的内容：

1. 面部表情

　　面部表情是人们思想感情的流露，有时可起到言语起不到的作用。面部的眼睛、眉毛、鼻子、嘴，脸颊肌肉，都是传达感情的工具。比如，人生气时会拉长了脸，肌肉下沉；人高兴时，"喜笑颜开"，肌肉松弛。还比如，人惊异时张嘴、愤怒时闭嘴、蔑视时撇嘴、不高兴时翘嘴等。

　　人们常说："眼睛是心灵的窗户。"眼睛与有声言语协调，可以表达千变万化的思想感情。眼睛凝视时间的长短、眼睑睁开时的大小、瞳孔放大的程度和眼睛的其他一些变化，都能传递最微妙的信息。

一般来讲，每一种目光都有其特定含义。比如，视线频繁乱转，给人的印象是心不在焉。视线向上，表示高傲。视线向下，表示害羞、胆怯、悔恨等。在旅游服务中，欲达到最佳的交际效果，就要学会巧妙地使用目光。比如，要给客人一种亲切感，你就应让眼睛闪现热情而诚恳的光芒；要给客人一种稳重感，你就应送出平静而诚挚的目光；要给客人一种幽默感，你就应闪现一种俏皮而亲切的眼光。自然得体的眼神是语言表达的得力助手。

另外，在面部表情中，微笑起着更大的作用，它能给客人以亲切与甜美的感受。旅游服务业提倡微笑服务的作用何在呢？

微笑可以帮助人镇定。当你第一次踏入社交场合，或第一次与客人交往，不免会感到羞怯与局促，微笑可以帮你摆脱窘境。

微笑可以提供思考的时间。有时客人向你提出请求或要求，而客人的请求由于种种原因不好满足，若板起脸来拒绝，往往会使客人反感，难以接受。如果先示以微笑，就能为自己赢得思考时间，找到恰当的话题，不伤和气地解决问题。

微笑是信赖之本，是一个人对他人态度诚恳的一种表现，它能给人以亲切、友好的感受。在旅游服务工作中，服务人员若能以微笑面对客人，必将消除客人的陌生感、恐惧心，使客人产生"宾至如归"之感。

微笑的妙用还不仅仅是以上几点，微笑是美的象征，是自信的表现，是礼貌的表示，是心理健康的标志。服务人员使用微笑性的表情语，配以服务的文明用语，能使无声语言与有声语言相得益彰。

2. 身姿动作

人的动作与姿势是人思想感情和文化修养的外在体现，也反映着对他人的态度。手势是言语交往的辅助手段。手势有情绪性的，如恼怒时捏拳，恐惧时掩鼻等；有指示性的，如招手示意人过来，挥手示意人走开等；有描述性的，如可以用手比画东西的大小、方圆等。导游员在讲解时，手势可以衬托、强调关键性的话语，可以显示个人风格。当然，手势的运用也不可过多，不能没有目的地指手画脚，故意造作，分散游客的注意力。运用手势要明确、精练和个性化。

坐姿和站相也是不容忽视的。人坐时，要轻、安稳，不可响动过大。不论坐椅子还是坐沙发，姿势要自然端正，以坐一半为好。也可靠在沙发上，但忌半躺半坐。另外，站着与客人交谈，身体要正对着客人，腰要挺直，两腿不要抖动。

3. 服饰

人的服饰、发型、化妆、饰物等，可以反映一个人的身份、地位、性格、爱好等。由于旅游服务工作的特殊性，服务人员（特别是宾馆饭店）一般统一穿着工作服装，而不宜穿戴得过于高贵、华丽，这既表明了自己服务人员的身份，也表明了对客人的尊重。在饰品佩戴上，女服务人员仅限于手表、项链、戒指、耳针，不得佩戴手镯、手链、脚链、大耳环等过分夸张的首饰，且总数不能超过三件；男员工首饰仅限于手表和戒指。

4. 空间距离

人与人之间存在着一条看不见但实际存在的界限，这就是个人领域的意识，每个人都需要有属于自己的一定空间，并维护它，使之不受侵犯。在个体空间内，人会产生安全感、舒适感和自由感。当然，个体空间具有伸缩性，不同的人需要的个体空间的范围也不同，这与人们的心理、文化、地位以及人与人之间的关系等因素有关。

了解人际交往中的空间距离，对旅游服务人员在与客人的交往中把握好交际的分寸十分重要。首先，要尊重客人的"空间距离"意识，不与客人说过头的话、开过头的玩笑。要善于控制自己的情绪与理智，与人接触保持一定的频率，不可过频或过疏，过频使人生厌，过疏显得冷淡。不要介入有关私人问题的评论，不要有意无意窥视客人的隐私。其次，要尊重客人的习惯和性格，随时注意客人对空间距离的反馈信号。要根据客人的信号调节自己的言行。否则，自己本无恶意的行为被客人误解，就会影响与客人的关系。最后，要追求共享空间的默契。默契是一种领悟、沟通与理解，要达到这种境界是不容易的。这需要人们遵守社会行为准则，具有较高的思维艺术和精神修养，以及人与人之间的相互宽容和爱。这是把握好空间距离的最佳境界。

第二节　旅游服务中的功能服务与心理服务

旅游者作为旅游企业的客人，他们在与旅游服务人员的交往中希望得到什么呢？客人不仅期待着旅游服务人员帮助他们解决种种实际问题，而且还期待着旅游服务人员成为他们的"知心人"：帮助他们消除种种不愉快的感受，获得各种愉快的感受，留下可以"长期享用"的美好记忆。所以，旅游工作者一方面要为客人提供优质的功能服务，另一方面还要为客人提供优质的心理服务。

一、旅游服务中的双重服务

旅游服务包含着双重服务，双重服务是指服务所包括的两种内涵：功能服务与心理服务。具体而言，旅游服务中的功能服务是指帮助客人解决食、宿、行、游、购、娱等方面的种种实际问题，使客人感到安全、方便和舒适的服务。旅游服务中的心理服务是指能让客人获得心理上的满足的服务，特别是要让他们经历轻松愉快的人际交往，在人际交往中增加客人的亲切感和自豪感。

要实现优质服务，就要在为客人解决种种实际问题的同时，还能让客人得到心理上的满足；而且即使不能完全按照客人的要求解决他们的实际问题，也要在客我交往中让客人得到心理上的满足。

旅游者出来旅游，就必然会在行、食、宿、游、购、娱等方面遇到一系列的实际问题，或者说具体问题。他们需要旅游服务人员为他们提供方便，帮助他们解决这些实际问题或具体问题，换句话说，就是需要旅游服务人员为他们提供功能服务。如果旅游服务人员在为客人提供功能服务的时候能够以良好的服务态度对待他们，那就不仅能为他们解决实际问题或具体问题，而且能让他们经历一次愉快的人际交往——这就是在为客人提供"功能服务"的同时，又为他们提供了"心理服务"。

功能服务的质量往往要受到旅游企业所具备的种种物质条件的制约，同时也取决于旅游服务人员所具有的知识和技能；而心理服务的质量主要取决于服务人员是否具有爱心、满腔热忱、善解人意和具有一定的表现能力（见图5-2）。

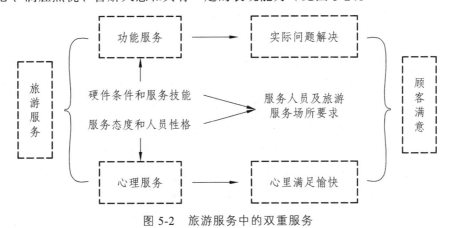

图 5-2　旅游服务中的双重服务

为客人提供心理服务有两条要诀：一是让客人觉得你和蔼可亲，使客人获得更多的亲切感；二是让客人对他自己更加满意，使客人获得更多的自豪感。

双重服务

斐济香格里拉饭店一位副总经理曾撰文谈"只是干工作"和"把工作干好"的区别，笔者从文中所举的许多例子中摘出一个前厅收款员的例子来，请读者看看他所说的"把工作干好"和"只是干工作"究竟有什么区别：

"只是干工作"——首先，她忙于付钱，然后是钱……和钱，最后还是钱。她忘了有一位客人正站在她面前，她也不同客人交谈，例如问一问："您在这里过得愉快吗？"

"把工作干好"——他仪表整洁，工作场所井井有条。他主动地问候客人，例如："早上好，先生/女士，我能为您做点什么吗？"他操着有魅力的语言与客人交谈，例如，客人来结账时，对客人说"您过得愉快吗？"，当他把钱递给客人时，说："史密斯先生，这是找给您的钱（此时他已经从档案中知道了客人的名字）。谢谢您的光临，祝您旅途愉快，欢迎再次光临，再见！"

【评析】

这位"把工作干好"的前厅收款员究竟"好"在哪儿呢？不正是好在他在为客人提供功能服务的同时，又为客人提供了心理服务，因而使他的服务有了浓厚的人情味吗？至于那位"只是干工作"的前厅收款员，她实际上是只知道为客人提供功能服务，而完全没有想到还应该为客人提供心理服务，所以她的服务是"干巴巴"的、是没有人情味的、是不受欢迎的。

二、心理服务的特点

从心理学角度来研究旅游服务，重点是研究其中的心理服务。与功能服务相比，心理服务具有以下特点。

（1）在功能服务方面，客人对不同的旅游企业（如旅行社、旅游饭店和旅游车船等）和旅游企业的不同部门（如饭店的前厅部、客房部和餐饮部等）会提出不同的要求，而在心理服务方面则并不存在这样的区别。不管是为客人提供哪一种功能服务的旅游服务人员，都应该为客人提供心理服务，而且都应该按照同样的要求去为客人提供心理服务。这些要求主要是：以"柔性"的而不是"刚性"的，即能够使人倍感亲切的，而不是使人觉得冷冰冰、干巴巴的态度去对待客人；以客人乐于接受的方式，巧妙地扬客人之长，隐客人之短，保护客人的自尊心，增加客人的自豪感。

（2）心理服务不像功能服务那样受企业物质条件的制约。物质条件稍差的旅游企业在为客人提供心理服务方面，完全可以赶上甚至超过那些物质条件更好的旅游企业。物质条件好的旅游企业也不会因为物质条件好，就自然而然地显得人情味更浓。以武汉市博海宾馆为例，虽然该宾馆只是一个二星级酒店，但曾被国外具有权威性的 *Lonely Planet* 旅游丛书收录其中，究其原因，是与宾馆全体员工的优良服务质量、宾馆过硬的清洁卫生质量以及安全服务离不开关系的。正是通过实惠的房价、物有所值的服务质量，宾馆打造了自己独具特色的吸引力，弥补了其硬件条件的部分不足，赢得了广大中外宾客的信任与青睐，因此形成了自己独特的顾客群体。

（3）如果说要为客人提供更好的功能服务是在专业知识和技能方面对服务人员提出了更高的要求，为客人提供更好的心理服务则主要是在心理素质方面对服务人员提出了更高的要求。只有那些富于爱心、善解人意而又善于"表现"的旅游服务人员，才能为客人提供一种真的能够"打动人心"的心理服务。实践证明，要成为一名优秀的旅游服务人员，富于爱心和善解人意固然非常重要，而没有把一片好心恰到好处地表现出来的"表现技能"也是绝对不行的。"路遥知马力，日久见人心"虽然是一句至理名言，用在旅游服务上却未必合适。《酒店业推销技巧》这本书里有一个很好的提法："溢于言表的友好。"旅游服务人员与客人的交往一般都是"短"而"浅"的，客人要从旅游服务人员这里得到的正是这种能够"溢于言表"的友好。

三、调整情绪提供优质心理服务

作为一名旅游服务人员，要让客人高高兴兴，你自己首先要高高兴兴。"高高兴兴地去为客人服务"应该是旅游企业对服务人员的一个最起码的要求。对于每一个面对面地为客人服务的工作人员来说，这是一个"说起来容易，做起来难"和"再难也一定要这样去做"的要求。当然，旅游服务人员要让客人高高兴兴，除了自己要高高兴兴之外，还有许许多多的事情要做。"没有高高兴兴的服务人员，就不会有高高兴兴的客人"，这一点是确定无疑的。

当一个人和别人在一起的时候，他的情绪状态如何就不再纯粹是他"个人的事情"了，他的喜怒哀乐会通过对别人的感染而产生一种"社会效果"。人与人之间这种情绪感染的作用有时候是很强大的，甚至是不可抗拒的。

人喜欢和什么样的服务人员待在一起呢？不妨想一想，你自己喜欢和什么样的人待在一起？你是喜欢和那些精神饱满、心情愉快的人待在一起，还是喜欢和那些没精打采、烦躁不安、愁眉苦脸、长吁短叹的人待在一起呢？有道是"将心比心"，想一想自己喜欢和什么样的人待在一起，就不难理解旅游服务人员应该怎样去为客人服务了。

服务人员的不高兴很可能并不是冲着客人来的，但是客人不可能知道你的不高兴究竟是为了什么。客人只会想一个问题："为什么你一见了我就这样的不高兴？"客人的结论只能是你不欢迎他，不愿意为他服务。正如科夫曼所说："我们的客人是异常敏感和脆弱的。"

人们在情绪发生变化的时候，一般都主要是在想那些引起这种变化的人和事，而很少想到"我的情绪发生了什么样的变化"和"这种变化会对周围的人产生什么样的影响"。例如，一个觉得自己被别人欺骗了的人，满脑子想的都是"这家伙，我怎么早没有把他看穿"；一个"倒了霉"的人，满脑子想的都是"真倒霉，怎么倒霉的事全让我赶上了"。这虽然似乎是一件"很自然"的事，但要成为一名能够为客人提供心理服务的旅游工作者，就必须对自己的"情绪变化"及其"社会影响"有高度的自觉，或者说有高度的敏感，决不能"陷"在自己的情绪里而忘掉了自己的职责。

为了及时地了解自己此时此地正处于何种情绪状态，我们需要把表 5-1 所示的这个"情绪谱"牢记在心，并经常用它来对照检查。

表 5-1　七色情绪谱

◆ "红色"情绪——激动、兴奋
◆ "橙色"情绪——快乐、温馨
◆ "黄色"情绪——明快、愉快
◆ "绿色"情绪——安静、沉着
◆ "蓝色"情绪——忧郁、悲伤
◆ "紫色"情绪——焦虑、不满
◆ "黑色"情绪——沮丧、颓废

一般说来，旅游服务人员在工作中的情绪状态应该处于"绿色"到"橙色"之间。接待客人时应该以"黄色"（明快、愉快）为情绪的基调，这样可以给客人一个精神饱满、工作熟练、态度和善的良好印象。情绪变化的幅度不能太大，向上不应该比"橙色"（快乐）更高，向下则不应该比"绿色"（安静、沉着）更低。

要掌握好"黄色"（明快、愉快）与"橙色"（快乐）的区别，先以"黄色"为基调，需要让客人看到你特别高兴的时候，再变"黄"为"橙"。在遇到问题、遇到麻烦的时候，应该使自己处于"绿色"即"安静、沉着"的状态，这样才能避免忙中出错，避免因急躁而冲撞客人。

"蓝色""紫色"和"黑色"显然都是在工作中不应有的不良情绪状态。处于"红色"即"非常兴奋"的状态容易使人忘乎所以，失去控制，所以"红色"也不是在工作中所应有的情绪状态。

当然，除了记住这个"情绪谱"，并记住自己在工作中"应该"处于什么样的情绪状态之外，还必须学会进行自我调节，使自己能够处于"应该"的情绪状态。

四、服务人员是客人的"镜子"

作为一名旅游服务人员，要让客人对你满意，你就应该用巧妙的方式去让客人对他自己更加满意。"你让他对自己满意，他就会对你满意"，这已经是许多旅游服务人员的经验之谈。

一个人对自己是否满意，并非与他人无关。如果一个人经常从别人那里得到对自己的肯定性反应，他就会感到自豪；如果他得到的都是否定性反应，他就难免要感到自卑。可以说，在人与人的交往中，人们是互相起着"作用"的。你要从我对你的反应里看到你的"自我形象"，我也要从你对我的反应里看到我的"自我形象"。

并不是每一面镜子都能准确地反映人的真实形象，所以"镜子里的自我"与"真实的自我"往往并不一致。在现实生活中，有的人把"镜子里的自我"看得比他"真实的自我"还重要。不管他"真实的自我"美还是不美，只要"镜子里的自我"是"美"的就行了。也不管他自己到底是行还是不行，只要人家说他"行"，他就心满意足了。如果他从某一面"镜子"里看到了一个并不如别人所夸的那么"好"，也不如他自己所想象的那么"棒"的"自我"，他不会从自己身上来找原因，他只会怪这面"镜子"不好，恨不得把它"砸碎"。显然，这是一些虚荣心很强的人。我们自己当然不应该是这样的人，但是我们不能保证我们的客人当中没有这样的人。遇到有虚荣心的客人，作为旅游服务人员，我们所要做的事情也只是为他们提供服务，而不是去"纠正"他们的虚荣心。更重要的是，即使是没有虚荣心的人，也总是希望能从"镜子"里看到一个美好的自我形象。谁都愿意在别人面前表现自己的长处，而不愿意在别人面前暴露自己的短处。

想通了这些关于"镜子"的道理以后，在为客人服务时，就应该自觉地去做一面能够为客人"扬其长，隐其短"的"好镜子"，决不要做一面为客人"扬其短，隐其长"的"坏镜子"。

这里所说的"长处"是广义的，是多种多样的：长得漂亮是长处，会打扮也是长处；见多识广是长处，能说会道也是长处；大名鼎鼎是长处，甘于默默无闻也是长处；多才多艺是长处，朴实无华也是长处。

旅游服务人员为客人提供心理服务的一个重要方面，就是去发现和赞美客人的长处。如果客人想"表现"自己的长处，那就应该创造条件，使他们能够大大方方、痛痛快快地来表现自己的长处。需要注意的只是不要让这种"表现"使其他客人受到伤害。

"隐客人之短"可能比"扬客人之长"更为重要，因为一旦客人由于某种原因而"出了丑"，你和你的同事为他所做的一切好事都会因此"一笔勾销"。他很可能会什么都不记得了，只知道他今天竟然当众出丑了！

作为服务人员，一定要记住，决不能对客人的短处表现出你的"兴趣"，更不能去嘲笑客人的短处。还应该记住，即使你没有这样做，某些客人也可能会起疑心。因此，一定不要在客人面前指指点点，也不要在客人背后说说笑笑。

客人由于缺乏经验而"出洋相"是完全可能的，千万不要以为客人出了"洋相"就说明你比客人"高明"。要知道，趁别人陷入窘境的时候来显示自己的"高明"，是最容易让人对你怀恨在心的。相反，如果在客人可能陷入窘境或已经陷入窘境的时候，你能帮助他"巧渡难关"，在众人面前保住他的"脸面"，他一定会发自内心地感激你。

◇ 本章小结

本章从旅游服务工作的角度出发，探讨了客我交往的特点与基本策略、旅游者的心理特点及需求、客我交往的沟通方式。对旅游服务中的功能服务与心理服务做了初步描述，并重点分析了心理服务的特点，着重探讨了如何更好地为客人提供服务，以适应不断变化的旅游者对旅游服务的需求。

◇ 核心概念和观点

客我交往；沟通方式；功能服务；心理服务。

★服务人员应当练就一双"火眼金睛"，能在短时间内了解客人的情绪状态，并立刻反映在自己的服务行动上，从而达到较好的服务效果。

★微笑是美的象征，是自信的表现，是礼貌的表示，是心理健康的标志。服务人员使用微笑性的表情语，配以服务的文明用语，可使无声语言与有声语言相得益彰。

★作为一名旅游服务人员，要让客人对你满意，你就应该用巧妙的方式让客人对他自己更加满意。"你让他对自己满意，他就会对你满意。"

★良好的服务态度是优质服务的重要内容，也是旅游业树立企业正面形象的关键因素。它影响旅客的消费行为，影响主客之间的关系，影响企业的信誉，影响企业的经济效益。

◇ 思考题

1. 客我交往有哪两种形式，特点是什么？

2. 旅游服务交往的沟通方式有哪两种，结合课堂模拟的结果考察自己需要提升哪方面的沟通技巧？

3. 旅游服务中包含的双重服务是指哪两个方面？举例说明其区别何在。

第六章　旅游服务环节的心理分析

【学习目标】

□知识目标：通过本章的学习，明确服务环境、服务时机、员工服务技能及服务态度等基础概念，理解服务的场景、服务时机以及旅游企业员工的表现如何影响顾客的心理。

□技能目标：在明确知识要点的基础上，掌握如何设置恰当的服务场景以达到吸引顾客的目的。在提供服务的过程中，学生应能抓住良好的服务时机为顾客提供恰到好处的服务并较好地控制、调配服务时间，以优质的服务巩固顾客群。

□能力目标：学生在与客人面对面接触时，在了解各种影响顾客心理因素的基础上，能分析顾客满意或投诉的根本原因，进而增强自身为客人服务的能力和解决顾客投诉的能力，并能主动改进服务环节的设置以提前预防服务危机（顾客投诉）的产生，从根本上提高旅游企业的服务质量和顾客的满意度。

服务是旅游企业的灵魂。服务质量是服务业的基石。服务质量关系到旅游企业的知名度和美誉度，它还决定了旅游者对旅游企业的"向心力"和"离心力"。

从心理学角度讲，服务质量与"满意"一词有关，只有当享用服务的人完全满意时，服务才算彻底。心理学研究认为，服务质量可从服务环境、服务项目、服务技术、服务时间和时机、服务技能、服务态度等方面体现出来。

第一节　服务场景与顾客心理

每一个旅游消费者享受服务的过程都是在一个特定场景下发生的。在这些不同的服务场景里，存在着许多具有差异性的构成因素，如享受服务的环境、享受的服务项目、提供服务所依赖的硬件设施、与顾客交流接触的服务技术等。这些因素的区别带给消费者不同的服务体验，进而产生迥异的体验心理，不同的心理感知帮助消费者形成关于服务及旅游企业本身的印象。

一、服务场所环境与顾客心理

服务环境是服务者提供服务和顾客进行服务体验的物质环境，是服务产品的生产场地同时也是顾客的消费场所。用一条"可见部分线"，可以将服务系统区分为顾客可视区和服务后台（顾客不可视区）。与此相对应，在服务"可见部分线"之上是服务的前台环境，"可见部分线"之下是服务的后台环境。前台环境既是顾客消费区又是服务提供区，后台环境则为纯粹的服务工作区（如图 6-1）。以餐厅为例，餐厅大堂显然属于前台环境，是顾客享用食物和接受服务人员服务的场所，而餐厅的厨房则属于后台环境，是准备顾客食物的工作区域。

可见部分线 ·········· **服务前台环境**（顾客可视，直接为顾客服务）
·········· **服务后台环境**（顾客不可视区域）

图 6-1　服务环境的前后台划分

服务环境对服务提供者和顾客都会产生极大的影响。服务前台环境是包括外观、装修、风格、摆设在内的顾客的"可视环境"，造就了服务氛围，影响着顾客的服务体验和心理感受，从而会影响到顾客对服务的最终评价。同时，前台服务环境还是服务的提供场所，此处硬件设施的功能性设计是否合理会影响服务者的工作效率、工作态度。服务后台环境是纯粹的工作场地，其设施设计的科学性会对后台工作人员的生产效率和工作心理产生相当的作用。可以说服务前台环境为顾客的整个服务体验设定了基调，当顾客对某一旅游企业缺乏先前的了解时，服务前台环境能帮助顾客来判断其从该旅游企业可能会得到什么样的服务体验。

以饭店服务前台环境为例，它包括饭店装饰、背景音乐、灯光、空气的清新度、饭店氛围、饭店建筑物外观、饭店有形产品的陈设等。

（1）颜色。

高档豪华餐厅与中餐厅宜装饰成红色或黄色，能给人一种高贵典雅的感觉。而客房的装饰就不宜用黄色、红色等能吸引人注意和兴趣的颜色，宜用较柔和的颜色，如蓝色、绿色等。有调查研究表明，就对顾客满意方面产生的效果而言，蓝色客房装饰优于其他颜色。而现在越来越多的经济型酒店为了给顾客带来恬淡、温馨的"回家"体验，在客房装饰上多采用粉红色、粉蓝色、粉绿色等粉基调色彩，床上用品、窗帘、装饰画的色调和图案都透出家居的风韵情调，犹如家庭主妇精心布置的一样。

（2）气味。

气味能对顾客的购物行为产生影响是无须质疑的，无论是进餐还是住宿，顾客都需要一个清洁卫生的环境，因此饭店公共区域的卫生状况往往是饭店经营者最重视的。只有清洁卫生的公共环境才会给客人留下良好的印象，而且享受饭店服务区域清新自然的气味是客人在消费时应有的权利。

在具体操作中，一定需注意饭店客房要经常通风并定期大清洁，新装修的客房应该采取必要的措施去除异味及有害气体，这不仅是为了客人的身体健康，更是为了提高宾客满意度。饭店公共区域及服务区域清新自然的气味并不就是香味，虽然香味是人们普遍接受的气味，但香味的偏爱是非常个性化的，使某位宾客愉悦的香味对其他宾客来说也许会令其厌恶，一些宾客可能反感饭店精心添加到空气中的香味，一些宾客则可能会担心过敏。

（3）饭店背景音乐。

音乐影响饭店顾客的情绪，而情绪又会影响顾客众多的消费行为。饭店公共区域的背景音乐宜为慢节奏的欢快音乐。饭店餐厅的背景音乐应与餐厅的主题相协调，如在西餐厅设置小提琴手现场演绎悦耳动听的轻音乐，就能达到渲染浪漫、温馨氛围的效果。在麦当劳等快餐厅播放快节奏音乐可以加快顾客的进餐速度，以达到提高座位周转率的目的。

（4）灯光。

明亮的灯光能振奋人的心情，酒店大堂一般采用明亮的照明设备以带给客人干净整洁的感觉，但酒店的客房一般使用柔和的照明设备，可让客人心情放松，营造舒适的睡眠环境。而西餐厅更是需要利用灯光效果来适应客人不同时段的需要，午餐高峰期时可将餐厅内明亮度提高，而过了午餐高峰期，用餐区域的灯光应调弱以舒缓客人用餐后的心情，让客人在一种松弛无压力的状态下休息、交流。

（5）饭店气氛。

饭店气氛主要指饭店内部装饰风格对饭店顾客产生的微妙影响。图6-2描述了顾客的三种情绪状态（愉悦、激奋、自在）与发出一定行为的明确意向之间的关系，愉悦感是指宾客在饭店内感觉舒适、高兴、惬意或满意；激奋感是指宾客在饭店内感觉兴奋、刺激、激动和活跃；自在感是指宾客在饭店内感到不受约束和能够自我支配。愉悦的、激奋的与自在的感知状况可能影响饭店顾客下述行为：① 喜欢到该店入住；② 乐意花费时间进行饭店内其他服务与产品的信息搜寻；③ 倾向于花费比原来计划更多的钱；④ 很可能再次入住该店。

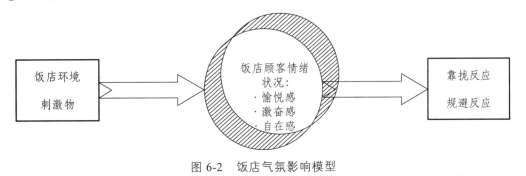

图 6-2　饭店气氛影响模型

二、服务项目的心理功能和设置策略

旅游服务项目反映着旅游业的服务功能。旅游服务项目设置是否科学合理，反映了旅游目的地旅游业的管理水平，二者均与服务质量有密切关系。

（一）服务项目的心理功能

作为满足旅游者消费的旅游服务项目，一般都具有提供便利、刺激消费欲望、满足精神享受的心理功能。

便利功能是指顾客通过有关服务项目的消费所产生的省时、省力、方便、获益的心理感受。在旅游服务方面，旅游业特别强调高效率。高效率就意味着便利，比如旅游业所设置的代客购买车票、船票、机票服务项目，到车站、机场、码头接送服务项目，宾馆或旅游景点所提供的存放行李、出租汽车、电报、电话、电传、电脑结账服务项目等，都具有便利旅客的功能。

争取更多的顾客是旅游业存在和发展的重要条件。争取更多的顾客在很大程度上靠旅游项目的吸引力，要将新颖、别致、科学性、趣味性、多样性、适应性等特色融为一体，使旅游服务项目以其独特的魅力诱发顾客的各种消费欲望。

顾客服务项目以其独特的构成，不仅使人们通过对某种服务项目的实践，领略和欣赏某种经历，促进全身心的感官开放，而且还能获得日常家居或工作环境无法达到的美感和颇有所得的良好感受。

（二）服务项目的设置要求

由于旅游企业的等级标准不同，地理位置不一，接待的服务对象差异性大，旅游业在设置服务项目时一定要遵循务实、灵活和实惠的原则，否则旅游项目很难发挥其应有的作用（表6-1）。

表6-1　服务项目的设置原则

原　则	实　质　内　涵
务实性	就是要从实际出发，不能超越旅游企业本身的规模、等级和服务对象的实际。即在设置服务项目时，只有条件具备才设置，以免造成资源浪费。以每年夏季开幕的武汉冰雕展为例，冰雕展浓缩了哈尔滨冰雪艺术的精华，为武汉市民带来前所未有的新奇体验。单从项目设置的新颖性、独特性来说，它存在可取之处。但是，在这种五光十色的创意背后，却是大量的电力投入，约2 000平方米的展览占地、-6 ℃的展厅内温度保守计算，每天耗电在1万度以上，能让25瓦灯泡连续点亮40万小时，而为此买单的电力部门每年因电量供应缺口需要千方百计地从外地购电调剂余缺，从这种资源利用角度来看，可以说是虚耗大量公共资源来创效
灵活性	就是要有针对性。从旅游企业整体来看，各种服务项目一定要紧紧围绕着总目标来设置，不要彼此制约、分散或抵消各服务项目和服务环节功能的发挥。还应注意到旅游业季节性较明显，服务对象较复杂，服务项目的增设及删减一定要灵活多变，使服务项目充分地发挥出应有的功能
实惠性	就是设置的服务项目要符合顾客的支付能力和消费水平，并真正能够使顾客通过消费和使用感到有一定"充实感"。如果服务项目收费较高，使顾客感到可望而不可即，反而会冲淡顾客的兴趣，减弱顾客对服务项目的趋向力或中止享用此项服务

（三）规范化服务项目与个性化服务项目

随着我国旅游业日益发展成熟，旅游企业已形成了提供一定规范服务项目的固定模式，如饭店为满足顾客"安全、卫生、舒适"的基本要求，提供总台接待、总台寄存、客房铺床、客房打扫等服务项目。

但是随着人类的进步和经济的发展，人类社会已从"温饱经济"进入"体验经济"时代，享受高品质的服务成为这个时代的鲜明消费特征。社会发展已使人们的需求从过去的依靠物质性消费实现吃饱穿暖转向更高层次的、依靠无形服务体验来满足个人心理需要体现其生活品质。人们消费某个服务产品，除了获得某项服务所能带来的显性利益（通常是生理性或功能性的），还需从中体验到一种感受，来满足个人的心理需要，如体现社会地位、满足好奇心、实现兴趣爱好、达到心理上的"安全感"等。人们在消费中，具有一种强烈的"突出自我"的愿望，希望自己被旅游企业当作一个单独具有个性特点的"某某人"，而不是"顾客之一"。

不同的服务项目对顾客的最终感受起到不同程度、不同性质的影响，从这个意义上来看，可以把服务项目分为合格项目和魅力项目（如图6-3）。

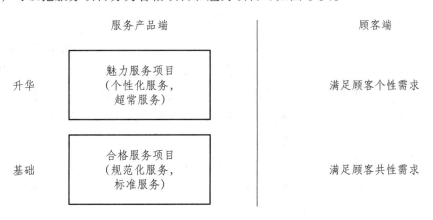

图 6-3　合格项目、魅力项目与顾客需求关系图

显然，在竞争激烈的旅游服务市场，仅仅凭标准化的"常规"产品只能做到令顾客"没有不满意"，而不能促使顾客做出消费决策。个性化的服务恰恰弥补了标准化服务项目的不足，吸引了顾客的注意力，巩固了顾客的忠诚度。如酒店健康运动中心不仅给顾客提供标准的锻炼计划，还能根据顾客的身体条件和兴趣爱好为顾客提出个人锻炼意见，使顾客能在日常生活工作中也能将锻炼内容结合进去。这种服务就是符合顾客个体特点的。对顾客来说，这种健康服务就能增加服务消费所获得的价值，因而是有吸引力的。由此看来，这就是个性化服务的魅力之所在。

在实际服务项目设置中，必须明确规范化服务是服务保障，个性化、情感化服务是服务价值，而优质服务就是二者的有机结合（如图6-4）。

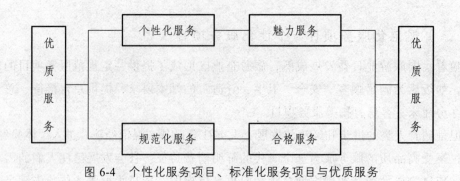

图 6-4　个性化服务项目、标准化服务项目与优质服务

三、服务技术含量对顾客的心理影响

知识经济时代的到来在很大程度上改变着人们的生产、生活方式，旅游企业信息化管理、旅游企业服务技术的信息化等也日益受到关注。越来越多的旅游企业不仅配备科技含量高的服务设施，更是采用智能化信息系统来管理顾客交流界面，用信息技术来辅助他们的核心服务。

（一）智能化服务设施与顾客心理

古语有言，"工欲善其事，必先利其器"。要搞好服务质量，赢得消费者的青睐，完善良好的经营设施是必不可少的。在激烈的市场竞争环境中，以及顾客需求日益提升的背景下，旅游企业要吸引顾客的注意力，让顾客产生良好的第一印象，进而产生顾客忠诚，完善良好的经营设施仅仅是基础，只有采用高技术含量的设施、设备才更能满足顾客求便利、快捷、安全等需求。

以酒店服务设施为例，一般酒店前台为顾客提供有寄存贵重物品的服务，相比某些酒店仍采用老式的锁柜为顾客寄存物品，一些高星级酒店则采用电子密码保险柜来寄存，顾客可以自主设置密码，在取出物品后，密码自动无效，方便下一位客人继续使用，这种保险柜以其高安全系数的特点赢得了顾客的信赖；在客房服务中，高星级酒店客房中使用的电子锁可以保存进入房间的钥匙的记录，极大地改善了客房的保安状况。但我国仍有一部分酒店还在使用机械客房钥匙，这不仅给顾客带来了入住的不便，更存在一定的安全隐患，给顾客留下酒店革新滞后和发展缓慢的印象。

（二）融入技术的服务与顾客心理

将科学技术融入服务过程中，是社会发展的必然趋势，是服务组织寻求卓越的必要途径。越来越多的旅游企业采用先进的智能化管理系统来管理企业内部各部门，并加强内部沟通，同时完善顾客交流界面，提供具有革命性变化的旅游产品。顾客通过享受和体验这些服务，满足自身求新、求异的需求。

简言之，技术能以多种方式提高旅游企业的服务质量，在确立旅游企业竞争地位中起着关键作用。但过多地将关注焦点集中在高科技、信息化上，会误入歧途。因为许多问题只需要"低"技术就可以解决，并且过于复杂的技术服务会给一些不善于使用智能设施的顾客带来障碍。因此，旅游企业在设置智能化设施、设备时应充分考虑顾客的需求，洞悉顾客心理接受能力，增加技术的含精量。

为了防止顾客在使用服务设施和享受技术服务时遇到诸多不便，旅游企业要将缺乏柔性的技术与富有柔性的员工相结合，通过员工培训来保证员工对新技术的掌握，以及技术设施无法使用时的应对策略运用，如饭店突然停电，员工能手工结账以保证客人顺利退房。

第二节　顾客心理与服务时机把握

顾客的购物、进餐、住宿、游览等消费活动都是在不同的时间进行的，都有一个时间过程，所以服务也必须要围绕着顾客的消费时间来提供。在接待服务时，要想使服务达到最佳效果，就必须把握好服务时间和时机。

一、服务时间与顾客心理

在旅游活动中，服务员的工作和顾客的游览、参观、进餐、住宿都有一个时间过程。这一过程都存在着各自的"起始点"和"终结点"，因此，服务工作的"起始点"和"终结点"能否和顾客对服务需求的"起始点"和"终结点"相一致，对顾客的消费心理和消费行为的影响是大不相同的。

一般说来，如果旅游服务时间和顾客的消费要求时间基本一致，顾客就会感到便利和满足。在此时间里顾客就会愉快地接受服务，进行消费。如果旅游服务时间和顾客的消费时间要求不一致，顾客就会感到不便和失望，在行动上也很难接受其服务。出于无奈，即便是接受了服务，在情绪上也会是不愉快的，后续行为将会受到很大影响。

其实，服务时间不仅直接影响顾客的心理和行为，顾客的消费心理和行为也会受到服务时间的间接影响。服务时间的间接影响是通过服务人员在利用服务时间上表现出来的。服务员的精力是有极限的，在服务过程中，由于旅游旺季旅客较多，劳动量增大，或因天气变化，车辆、飞机出现故障，旅客贪玩、贪杯、留恋景点延长了服务时间，都会使服务人员疲劳，工作热情减退，进而影响服务表现。服务员的这种服务表现自然也会影响旅客的消费心理和行为。

（一）服务等待中的顾客心理

在旅游企业的服务现场，顾客等待的现象似乎处处可见，以酒店为例，客人在总台等待办理入住或退房、在餐厅等待上菜、等电梯、等电话等。对于顾客来说，等待意味着在一段时间放弃做其他的事情，易使人厌烦、焦虑甚至恼怒。对于旅游企业来说，过长时间的等待——或者即使是预计较长时间的等待——都会导致失去顾客。那么解决方法是建立服务等候区域。这个区域虽然不执行服务的具体功能，但却是服务提供的"预热"，是使顾客保持良好心情进入体验状态的必经区域，直接影响到顾客随后的服务体验效果。

许多旅游企业等候区域的成功设计证明了这一点。为减轻顾客等候电梯时的无聊，饭店在电梯口设立了报栏供顾客阅读。餐厅在服务等候区开设小酒吧，安装电视播放娱乐节目，也帮助顾客缩短了心理等候时间。在解决顾客等待问题上，服务员在为顾客服务时还应考虑以下几个方面内容：

1. 顾客的心理等待时间

顾客在等候区域对时间的感知与实际时间是有差异的，顾客心理的等待时间通常比实际的等待时间更重要。因此，应关注顾客对服务时间的期望与感知。除了改善等候区域设施设备，并采取某种让顾客参与活动的形式"占据"这个等候时段，服务人员还可以考虑：① 使顾客明白你知道他正在等待。比如，通过此时站在柜台后为客人提供服务的服务员体贴的服务态度与理解的表情透露出来。② 告诉顾客还要等多久。不确定的等待使顾客不能形成等待时间的合理期望，会使顾客产生焦虑与不满。使客人明确还需等多久，就能有效消除其顾虑。而一些餐厅甚至故意告诉顾客需要等待很长时间，这样当实际等待时间比被告知时间要短时，顾客就会高兴。

2. 无聊的时间

没有顾客喜欢无聊的时间，喜欢任凭提供服务者的摆布。因此必须以积极的方式填充顾客无聊等待的时间，转移其注意力。比如对于打电话占线的客人，一段音乐录音就足以填补等待的时间，同时使客人知道电话还未接通。对于在餐厅等待用餐的客人，服务员可以建议其先到酒吧小坐片刻。

3. 服务已经开始

如果顾客感到服务已经开始，那么与服务还没有开始的时候相比，他们通常会更能容忍较长时间的等待。例如，餐厅服务员会给等待餐桌的顾客先倒上茶水，并递上菜单供客人事先决定菜品，让顾客觉得其已经受到餐厅的服务。

4. "对不起，我是下一个"

在等待者心中都有一个排队规则：先到达者先接受服务。当一位顾客看到后到的人比自己还早接受服务时，纵然他不暴跳如雷，至少也会感到很心烦。而提供服务者此时则可能会被当作主谋，成为顾客发泄怒火的对象。因此，应尽力避免先到达先服务的排队规则被破坏。一个简单的方法就是领号，每位顾客依其先后都会拿到一个接受服务的顺序号码。顾客们不需排一个正式的队伍，可自由地在等候区内走动等候服务员叫号，甚至可以根据自己对队伍移动速度的判断出去另办其他事情，这就大大地增加了顾客的自由度（图6-5）。

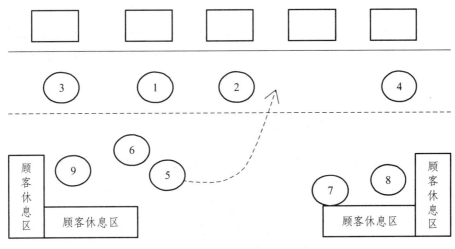

图 6-5　叫号型等候

（二）服务时间的合理安排技巧

服务时间问题是一个严肃的问题，主客双方对此都十分关注。从旅游业角度考虑，服务时间安排得是否合理，直接关系到企业的经营效果。从顾客本身考虑，服务时间安排得是否符合自己消费的需要，直接影响着实际的消费行为。那么，如何安排服务时间呢？

1. 正常服务时间稳定不变

在正常情况下，旅游服务时间是固定有保证的。旅客有计划的活动也都依服务时间长短来安排，从而保证活动在时间序表中顺利进行。但在特殊情况下，服务时间就要特殊安排，否则，服务时间与旅客的需求不符合，则会影响客人的消费行为。比如在参观苗寨等少数民族村落时，有些游客会提出穿当地民族服装自由拍照的要求，在衣服有限而人员较多的情况下，导游应当进行适当的时间调整以满足游客的需要。

2. 特殊情况服务时间的安排要有灵活性

服务时间的稳定性是相对的，但在季节变化、客流量变化以及节日的情况下，服务时间就必须做适当的调整。比如，在旅游旺季或节日期间客流量增大，饭店的整个服务时间就要延长。季节更替，冬天和夏天白天时间不同，如果夏天的服务时间和冬天的服务时间没有区别，那么，夏天里将有较长的时间不能被利用，客人是不会满意的。因此，灵活安排服务时间，是满足顾客需求的上策。

3. 各种服务项目、服务时间的安排要有多样性

顾客兴趣的广泛性是不一样的，对各种服务项目的要求在顺序上也有先有后。因

此，在支配消费时间上彼此都存在着较大的差异。在此情况下，如果各种服务项目的服务时间"起始点"和"终结点"都一致，那么，就极大地限制了旅客对不同活动项目的消费要求，客人自然不满意。为此，各项服务项目的服务时间应针对这一特点实行多样性策略。比如参观建筑风格独特的古建筑时，应给那些喜欢研究房屋细节的游客一定自由活动的时间，让其能有充分的时间欣赏房顶上奇特的飞檐、窗户上绚烂的窗花，等等。

二、服务时机的心理作用及把握

服务时机是指服务人员为旅客提供服务的"火候"与"机会"。它对旅客的消费心理和行为有较大的影响（图 6-6）。

在旅游服务工作中，常常发生这种情况，尽管服务员满腔热情地为旅客提供服务，但旅客有时不仅不领情，反而流露出厌烦或不满的情绪。是旅客不通情达理吗？当然不是，这里有一个很重要的原因，那就是服务员没掌握好服务的时机。

在实际的服务过程中，常常发现旅客对服务的"适时"非常满意。"适时"即恰到好处，会使旅客产生愉快的心情。如果服务时机"超前"，旅客会产生厌烦情绪。如果服务时机"拖后"，旅客会产生不满情绪。那么，如何把握服务时机呢？

服务时机的把握不是机械地靠时间、靠秒表所能做到的，它凭的是服务员的直觉或感觉，往往是需要多年丰富经验的积累，以及个人的才智和灵性才能悟到。从某种意义上说，它是服务员在服务工作上主动进取精神的表现。

服务时机的把握可分为主动把握和被动把握两种，这两种情况常常是并行的。主动性把握就是服务员主动自觉地去"寻找"和发现接待服务时机，以便提供相宜的服务。被动性把握就是旅客一旦提出某种合理的需求，服务员就应立即帮助其解决，毫不拖延地为其提供服务。

图 6-6　服务时机对旅客消费心理和行为的影响

如何寻找或发现服务时机？首先，服务员要掌握旅客特点，并留心观察旅客当时的体态与表情。心理学研究认为，一个人的真实本性、真实自我是始终一致的，在大多数情况下旅客会做出符合本性的反应。旅游服务人员若能广开视听，尽量观察旅客当时的举止表情，并将所得到的印象归纳成对自己有利的具体线索，就能发现旅客直接或间接表现出来的真实自我。其次，注意分析旅客的交谈言语或自言自语。古人说得好，"言为心声，语为人镜"，旅客的自言自语能够反映出旅客的需求趋向。再次，正确辨别旅客的职业身份。旅客的职业身份不同，对服务工作会有不同的需求。最后，注意旅客所处的场所。因为环境不同，人们的心境也不同，对服务的需求也会有差异。以上四点概括起来，就是通过举止看需求，考虑环境场合察心境，把心境和需求结合起来定时机。

第三节 员工行为与顾客心理引导

一、员工服务技能与顾客心理

服务技能是服务人员对服务知识和操作技能掌握的熟练程度。它同服务项目、服务态度等一样关系到整个企业形象，影响着旅客的消费行为，也是优质服务极其重要的因素之一。

（一）服务技能的心理功能

服务技能有高低之分，内容涵盖知识和操作两个方面。一般来说，服务技能水平高的服务员，不仅有娴熟的加工制作技巧、超群的服务技艺，而且还有丰富的知识和信息。服务技术水平高者，一般服务时间短、效率高、动作麻利、指向性准确，易使旅客产生一种安全、可靠、欢乐、美好享受和继续消费的心理和行为。反之，如果服务员信息和知识贫乏，操作加工粗略、笨拙，会给旅客以失望感，影响其消费。

（二）提高服务技能的途径

高超的技能水平，是向旅客提供优质服务和满足其消费需要的坚实基础。因此，努力提高服务员的技能水平，是十分重要的事情。

服务技能水平的提高涉及方方面面，从服务人员来说，应努力提高自身的文化素质，端正对提高服务技能水平的态度。从旅游企业来说，应努力完善各种规章制度，创造良好的环境条件和学习平台，为员工提供具体、针对性的培训课程。

服务员的文化素质表明服务员在接受教育后所达到的心理水准及由此所产生的心态，这是服务员学习服务知识、掌握操作技术的必要心理条件和基础。服务员对提高服务技能的态度，是服务员对提高服务技术水平和服务质量的内在准备。一般情况下，服务员态度端正，一心想着旅客，有事业上的进取心，就会有提高服务技能的热情和持久的内在动力。

旅游企业方面的种种因素是制约服务技能提高的重要原因。比如旅游业对服务员技能水平的考核、奖惩制度，旅游企业领导的重视程度，日接待旅客的人数，旅客对服务技能高低的反应强度，旅游企业设备的新旧程度，以及服务人员对提高服务技能的紧迫程度与气氛等，都会对服务员技能水平的提高产生重要影响。

二、员工服务态度与顾客心理

服务态度是服务人员对旅客和服务工作的一种行为倾向。良好的服务态度是优质服务的重要内容，也是旅游业树立企业正面形象的关键因素。它影响旅客的消费行为，影响主客之间的关系，影响企业的信誉和经济效益。

（一）服务态度的功能

旅游服务态度是旅游服务人员针对服务的对象——旅客和服务工作的状况产生的。它不仅具有浓厚的职业色彩，而且还具有浓厚的情感色彩，会对旅客的心理和行为产生重要作用和影响。由于态度的强度和方向不同，对旅客的心理和行为的作用和影响也不同，具体表现在以下两个方面：

1. 感召与"逐客"功能

感召功能是指良好的服务态度对顾客所产生的吸引力。"逐客"功能是指低劣的服务态度给顾客造成的心理反感和心理"威慑"。

在旅游活动中我们常见到如下一些情况。有些旅游者对某些景点非常感兴趣，有些旅游者非常乐意选住某一饭店，某些旅游者特别喜欢接受某一旅行社的服务。这是为什么呢？是景点别致，是饭店豪华，是旅行社有强大的接待队伍吗？都不是。究其原因，人们所回答的大都是因景点、饭店、旅行社服务人员工作热情主动、服务周到、有礼貌、肯为旅客排忧解难等良好服务态度。可见，良好的服务态度，犹如黏合剂，会使宾客和服务员更加亲近。它又像催化剂一样，会促使宾客加快实现由消费动机向消费行为的转化。它还像磁石吸铁一样，吸引顾客再次惠顾。它还像美容师，为企业塑造光辉的形象，赢得顾客好评。在实际旅游活动中我们还可看到另外一种情况：服务人员服务态度低劣，对顾客不尊重，不一视同仁，甚至冷嘲热讽，挖苦斥责，出难题，设障碍，使得宾客心灰意冷，或望而却步，或另辟蹊径，最终把顾客赶跑。这是低劣的服务态度作用于顾客所产生的恶劣后果。

2. 感化功能和激化功能

感化功能与感召功能在心理作用上是相似的，只是在程度上有所不同。感化功能轻于感召功能，它也是服务人员以优良的服务态度对旅客所产生的一种吸引力。感化功能与感召功能相比，虽不能使旅客产生较强的趋向力，但它却能起到化解旅客不满情绪和转变旅客对企业和服务看法的作用。在旅游市场上我们常见某些旅游者对某些旅游产品并不十分满意，但由于旅游服务员的热情好客、诚恳待人之举，使得这些旅游者转变了看法。这就是态度的感化功能所起的作用。

激化功能正好与感化功能相反，它是指在服务工作中服务员本身工作上的不热情、不主动、不耐烦，致使旅客产生情绪波动、理智失控、心理冲突加剧的心理作用。这种作用常常产生不良后果。

（二）良好服务态度的确立

服务态度对做好服务工作具有重要的心理功能，这已成为旅游业界的共识。那么，怎样才能使旅游服务人员在服务中表现出良好的服务态度呢？要解决这个问题，是很复杂的，它既涉及服务人员的自身意识，也涉及社会和周围的环境条件；既包含服务员自身可控制的因素，也包含服务员自身不能控制的因素。因此，必须综合考虑，多方入手。

1. 自我尊重

自我尊重，这是服务员对自身做服务工作的看法问题。这一问题的解决对做服务工作十分重要。若服务员不能正确对待自己所做的服务工作，那他就不可能有强烈的服务意识，更不会主动热情地为客人服务。因此，自我尊重是做好服务工作最重要的心理条件。如果一个服务员认为自己干服务工作不光彩，低人一等，必然因自卑感而厌恶服务工作。当他感到顾客有不尊重自己的迹象时，会以维护自己的尊严为由，与顾客据理相争，或态度粗暴，或表现出不耐烦等。因此，要确立良好的服务态度，首先要自我尊重。

2. 自我提高

自我提高，就是要求服务员要提高自己的文化修养、职业修养和心理素质。因为一个人的文化知识与职业知识，能使一个人眼界开阔、理智成分增强，从而影响其职业观念和处事态度。良好的心理素质，如忍耐力、克制力和稳定乐观的心境，能使一个人主动自觉地形成和保持良好的服务态度。

3. 完善服务行为

服务行为常被旅客称为服务态度，为此，确立良好的服务态度，就不能忽视服务员的服务行为。服务员的服务行为常表现在服务表情、服务举止和服务语言三方面。为此，完善服务行为，一是要求服务员有愉快的表情，有发自内心的自然微笑。二是要求服务员站立姿势要挺直、自然、规矩，行走时要平稳、协调、精神。三是要求服务员有良好的语言表达能力，"好话常说""好话好说"。

4. 改善服务环境

环境影响情绪，情绪影响态度。良好的环境会使服务员产生愉快的情绪，愉快的情绪会使服务员表现出良好的服务态度。如果一个旅游企业环境差，设备简陋、用品陈旧、客流量大、工作无秩序、干群之间不协调、同事关系紧张，必然会使服务人员情绪低落。一旦这种情绪转嫁给旅客，就会形成一种失礼的服务态度。为此，旅游企业就应想方设法改善工作条件，协调人际关系，发挥领导作用，密切干群关系，科学地进行企业管理，确立良好的服务态度，创造良好的工作环境和条件。

（三）服务态度的外在表现

态度是人们的一种内在的心理体验，所以它不能直接被观察到，而只能通过员工的语言、表情、动作等进行判断、分析。因此，下文分别从这三个方面来阐述员工态度与顾客心理的关系。

1. 员工服务语言与顾客心理

服务言语，是指在旅游服务过程中，服务人员借助一定的词汇、语调表达思想、感情、意愿，与游客进行交往的一种比较规范的、并能反映一定文明程度的、又比较灵活的口头言语。

（1）服务言语的心理功能。

言语具有社会性，对人的心理和行为会产生重要的影响。在旅游服务中，服务言语适当得体、清晰、纯正、悦耳，就会使游客有柔和愉快、亲切之感，对旅游企业和服务工作产生良好的反应。反之，服务言语"不中听"，生硬、唐突、刺耳，客人会难以接受。强烈的言语刺激，很可能会引起顾客强烈的不满和"反唇相讥"的行为，严重影响企业的信誉和游客对服务质量的评价。

（2）提高服务言语的表达效果。

对以言语交往为主要工作内容的旅游服务人员来说，服务言语如何表达是事关服务质量和服务态度的重大问题。因此，提高服务言语的表达效果就显得更为重要。那么，如何提高服务言语的表达效果呢？

①运用动作的力量。

动作与言语的表达力和感染力之间的关系是极为密切的。优雅得体的动作，会增强言语的感染力量。旅游服务实践证明，只要配合服务言语的动作明确，意向清楚，语感、声调相宜，就会使旅客的听觉和视觉同时得到良好的"双向刺激"，收到增强言语感人程度的效果。

②发挥表情的作用。

心理学研究成果表明，当人的视觉和听觉同时进行工作时，听觉收到的信息（语言刺激），与视觉看到的影象是相互作用的。二者既互相促进——有效地烘托语言与影象的感染力，又互相制约——抵消和削减乃至破坏语言或影象的效果。因此，旅游服务人员在使用服务言语时，一定要与表情配合，使游客在听觉和视觉上同时受到刺激，让大脑兴奋起来，迅速产生共鸣，从而使服务言语达到最佳效果。同时还要针对游客的情绪变化，随时调节自己的表情，使服务言语产生强大的艺术感染力，以此打动游客。

③注意说话技巧。

为使旅游服务言语达到良好效果，服务员在与游客交谈时，言语应准确精练，想说什么，想表达什么意图，应紧紧抓住"中心"，绝不能言不达意，使人不知所云，影响游客的情绪。服务人员应选用合适的语句，准确、恰当地表达自己的思想，做到"言不在多，达意则灵"。如果为追求语言美而乱用词汇，或使用冷僻字，将会使服务言语失去"重量感"或出现被误解现象，因此交谈时要慎重地斟酌措辞。另外，要注意语法修辞。言语中出现语法错误或修辞不当，也会使游客产生误解。服务言语最基本的出发点就是尊重客人。因此，服务员说话一定要因人而异，符合游客要求，使游客有亲切、自然、顺耳、满意之感。

④ 讲究说话艺术。

旅游服务言语具有鲜明的职业特点——服务性。从事旅游职业的服务人员必须要讲究说话艺术，才能使服务言语在提高旅游服务质量方面发挥重大作用。一般说来，服务言语艺术的标准是相当明确的，如主动热情地说服务的话，耐心周到地做服务的事，文明礼貌地当好游客的"向导"，设身处地地给游客当好"参谋"，让游客得到物质和精神上的满足。为此，旅游服务人员在与游客讲话时就要注意多使用恭敬和谦让、道歉和致谢、赞扬和祝愿、理解和安慰、顺耳且亲切等富于人情味的言语。

⑤ 注意声调的使用。

说话声调能直接影响服务交往的效果，服务人员在与客人面对面交流时需要根据客人的心情和情景使用不同的声调，具体操作详见上一章节。

灵活地使用服务用语，要处理好规范用语和服务用语个性化的关系。使用规范服务语言是目前旅游业较流行的做法，这往往使消费者感到旅游企业的一种"规范性"和管理上的严格程度，从而有一种"放心感"。但标准化用语人情味不足，容易使人感到"做作"成分太多，且有限的几句标准用语很难适应瞬息万变的各种服务场景，所以许多旅游企业引入了较多的个性化服务语言补充标准化的不足。比如，许多酒店引用了日本零售业提出的"彩虹式"打招呼法，与标准化的"您好，欢迎光临"不同，服务者可根据顾客的不同情况而采用灵活多变的方法打招呼。如遇常客，则可说"××先生/小姐您来了"。如遇客人半途返回，则说"××先生/小姐，您回来了"。现在越来越多的旅游企业正在推行"社区小店式"的服务方式来增强服务的人情味，其中记住客人姓名、称呼客人的姓名就是非常明显的在服务用语上的变革。

2. 员工面部神情与顾客心理

与语言相配合，恰当的表情能体现出对顾客的尊重，甚至能代替服务用语。通常，旅游业以"微笑"作为服务表情的代表。保持微笑是应对任何尴尬服务场景的万用药，因此，许多旅游组织开展"微笑培训"，借此来提高员工的微笑服务水平。当然，要使员工能随时保持"微笑"且不被认为是"职业性微笑"，是不能完全以设定服务标准来达到的，而是要通过多种能使员工满意的措施来使员工能发自内心地对顾客的光临表示热情欢迎。（旅游服务业提倡微笑服务的作用参考上一章节）

表情不仅仅只体现在"微笑"上，它还涵盖多种服务场景下的多种表情，如对顾客的投诉表示同情的神态。这些表情不仅体现为面部运动，还有目光传递，即"目光接触"。眼睛是心灵的窗户,与客人进行目光接触能较好地传递自己的意图,也能表现对顾客的尊重,在服务较忙的时候又表达了另一种信息:我正忙,但我已知道您的情况,我将很快为您服务。

3. 员工动作和姿势与顾客心理

形体语言(动作和姿势)对顾客心理感受的影响是无须质疑的,服务动作的"职业化"程度,即服务动作的规范程度非常重要。规范的服务动作体现了员工的"职业化"程度,干脆利落的服务动作会给顾客留下良好印象,使他们感到旅游企业在业务方面的专业化水平极高,从而提高顾客对旅游企业的"信任感"。

◇ **本章小结**

本章从服务场景、服务时机、员工表现三个方面剖析了服务具体环节对顾客心理的影响,探讨了如何设计服务场所环境、合理设置服务项目、加强技术与服务的结合,同时阐述了科学设计时间策略和把握服务时机的方法,强调了员工服务技能和服务态度的重要性。要使顾客感到满意,提供优质服务,不仅要让每个员工奉献出各自最美好的东西,也需要旅游企业管理者对服务的彻底理解和深刻感悟。

◇ **核心概念和观点**

服务环境;服务时机;服务技能;服务态度。

★个性化服务与规范化服务结合才能产生优质服务。

★科学技术融入服务过程中,要与具有柔性的员工相结合,以保证服务的完整性。

★服务必须要围绕旅客的消费时间来提供,在服务时间里,要想使服务达到最佳效果,就必须把握好服务时间和时机。

★要实现优质服务,就要在为客人解决种种实际问题的同时,还要让客人得到心理上的满足;而且即使不能完全按照客人的要求解决他们的实际问题,也要在客我交往中让客人得到心理上的满足。

◇ **思考题**

1. 举例说明服务环境包括哪些方面,对顾客心理的影响何在。

2. 试阐述如何协调旅游企业中的信息化服务与人性化服务。

3. 科学的服务时间策略是什么?如何缩短顾客等待时间?除课文中阐述的要点以外,你还能提出哪些可行性建议?

第七章　旅游专项服务心理技巧

【学习目标】

□知识目标：通过本章的学习，理解并掌握旅游行业中三大专项旅游服务心理：酒店服务心理、餐饮服务心理、旅行社服务心理，了解各专项旅游服务的特殊性，明确旅游者对各专项旅游服务的心理要求，以及怎样对不同的旅游者提供异质服务。

□技能目标：结合自身对本章节基础知识点的理解和案例的揣摩，熟知顾客对各专项旅游服务的需求，掌握并熟练运用服务人员应具备的心理策略，为游客提供优质的服务。

□能力目标：能够把本章的观念、策略应用到实践中，能够分析与解决各专项旅游服务中的实际问题，在不同的服务场合为不同心理需求的游客提供高质量的服务。

第一节　酒店服务心理

现代酒店服务包括前后台、硬软件、各个方面综合协调运转等一系列的活动。其中，前厅（总台）接待服务、客房服务是对住店客人影响极大的两个环节，服务人员必须明确客人在这两个服务环节上的要求以及服务人员的服务行为要求，以满足客人的不同需要，做好服务工作，提高服务质量。

一、顾客对酒店服务的整体需求

酒店接待的客人是多方面的，他们存在不同的国籍、种族、职业、年龄、性别和宗教信仰，也有不同的个性。当今社会，顾客对酒店的需求越来越多，也越来越高。酒店所接待的顾客少量是专门常住的，一般逗留的时间都比较短。由于接待顾客情况各异，个性、兴趣不同，需求复杂，经济条件不同，而且顾客在流动变化着，因此酒店服务人员必须分析和了解顾客的需求心理，才能为顾客创造"最令人舒适的住宿条件"。

顾客虽然是各种不同类型的人，但是他们也有共同的心理需求（见图 7-1）。一项调查研究表明，顾客按其需求程度对酒店排列出以下 14 个标准：洁净、安全、方便、舒适、静谧、优质、优美、咨询、洗衣、餐饮服务、周围环境、客房服务、旅游信息、委托服务。

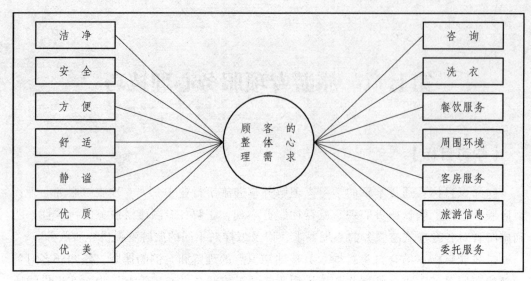

图 7-1　顾客对酒店的心理需求标准

二、前厅服务心理

前厅是设在酒店前厅的销售酒店产品、组织接待工作、为客人住店提供服务的一个综合性部门。它包括门岗、迎送岗、行李运送、电话总机、住店登记、安排房间、回答问询、结算账目、商务服务等。其主要职责是接待服务工作。它既是酒店的门面与窗口，又是客人住店离店的集结交汇场所和各种信息的汇集处。前厅工作的好坏，直接反映酒店的工作效率、服务质量和外部形象。因此，做好前厅接待服务工作是提高酒店声誉、发挥前厅窗口作用的关键（图 7-2）。

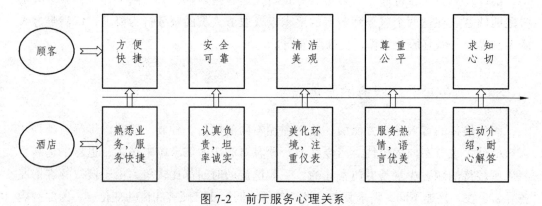

图 7-2　前厅服务心理关系

（一）顾客的基本需求

前厅服务不但要做好常规工作，如办理住店手续等，还要随时了解客人的需求和心理变化，反馈信息。虽然客人在前厅的时间很短，但是他们对饭店的第一印象是从前厅开始的。宾客来到酒店首先是用各种感觉器官去感知周围的事物，然后做出初步的评价。他们用眼去审视前厅的环境和接待人员,用耳去倾听环境是否安静,用鼻去嗅闻空气中的气味等。宾客在被接待的过程中,通常不希望耽搁较长的时间,同时受尊重的需要也非常强烈。有些宾客由于旅途劳累,来到酒店的强烈愿望是找个地方休息一下;有的宾客对某家酒店慕名已久,有一种信任感;有的是初次前来,感到陌生,甚至有些疑虑,如去哪里办住房手续,是否方便、舒适等。一般来说,客人对前厅服务的基本需求主要有以下几个方面:

1. 要求尊重

尊重的需要是宾客在前厅非常重要的一种心理需求。当旅游者一进入饭店,首先打交道的就是前台的接待人员,他要求受到饭店的尊重,首先就是要求受到前台服务员的热情接待。不论旅游者以前的社会角色是怎样的,当他一进入饭店,与饭店服务员的社会角色就变为接待和被接待、服务和被服务的关系,而心理角色则体现为尊重和被尊重的关系。在饭店服务中,服务人员应该尊重宾客,确立"顾客至上"的宗旨。

2. 方便快捷

客人经过旅途奔波,渴望迅速安顿下来。如果服务人员效率不高,使客人等待,极易引起客人的厌烦情绪。前厅服务应该一切以客人为中心,具体服务过程中不能让客人感到手续烦琐。如果客人接受的第一项服务很方便,心里会产生愉快的感觉,有助于消除旅途的疲劳。客人离店时的心理要求也是同样的,结账手续办理过程要准确、快捷,使客人能迅速离店。

3. 安全可靠

客人在旅途住店中都希望人财不受损失,而客人在观察酒店各种安全设施之前,首先接触到的是总台服务人员。服务员能否给客人以坦诚可信、认真负责的印象是构成安全感的主要因素。如果客人遇到的是工作萎靡不振、验证马马虎虎、心不在焉的服务员,就会觉得不可靠、不安全。反之,如果服务员态度认真,为人坦诚沉稳,工作负责,就会缓解客人的紧张心理状态,初步满足其安全需求。

4. 清洁美观

客人来到宾馆,首先是用各种感觉器官去感知周围的事物,然后才通过思维对事物做出评价。客人要用眼去审视环境是否美观雅致、清洁整齐;用鼻去嗅闻空气是否清新,有无异味;用耳去听环境是否宁静;用皮肤去感觉温度是否宜人、物体触感是否舒适。第一印象由此开始建立。尤其是外国客人,他们对清洁卫生的要求异常严格,这是决定他们是否下榻的一个重要因素。

5. 求知心切

游客到了一个陌生的地方后,就会迫切地想知道这个地方的各种情况,如风土人情、旅游景点、土特产品以及乘车路线等以满足自己的好奇心理。因此,前厅服务人员在接待客人时,一方面要介绍本饭店的房间分类、等级、价格以及饭店能提供的其他服务项目，让客人做到心中有数；另一方面，如果客人询问其他方面的问题，服务员也要热情地介绍。例如，本地有什么风景名胜、有什么土特产品、购物中心在哪里、到每一个旅游景点的乘车路线及时间等。另外，前厅服务最好和旅行社的业务结合起来，把旅行社提供的服务项目和推出的旅游产品的有关资料准备好，以供客人咨询、索取、使用。这样做的另一个好处是冲淡客人在前台办手续过程中等待的无聊感。

（二）前厅接待服务策略

针对宾客来到饭店时可能产生的心理活动，前厅部工作人员应该主动组织和调节宾客的心理活动。可以从以下几个方面做好接待服务工作，满足宾客的心理需求。

1. 熟悉业务，服务快捷

前厅要开展多项服务，如登记住宿，代订机、车、船票，代邮物品，代为保管贵重物品，为客人传达口信，提供内外信息、叫醒服务等。总台服务要求高效准确，要做到这一点就必须熟悉业务，有熟练的服务技巧。在同时接待多位客人时，应按先后顺序依次办理，做到"接一答二照顾三"，节省客人时间，满足客人求快捷的需求心理。另外，酒店前厅的服务人员要真实而礼貌地介绍酒店的服务设施和项目、环境条件和酒店所在城市的情况，使客人有个大体了解，产生向往之感，满足顾客求知的心理需求。

2. 认真负责，坦率诚实

凡是住店客人，在进店时都要经过前厅，可以说前厅是负责酒店安全的第一道屏障。因此，前厅服务员工作时必须认真负责，严格执行操作程序。如，仔细验收客人的证件（护照或身份证），认真保管客人寄放的贵重物品，对来访的客人问清其身份，经住店客人允许后才准许其进入。前厅的服务人员应该具备坦率诚实的优良品质，讲话实事求是，态度诚恳稳重，以获得客人信任。

3. 美化环境，注重仪表

（1）美化环境。

前厅是饭店的脸面，饭店必须十分重视环境的美化对客人所产生的心理效应。一般情况下，前厅光线要柔和，空间要宽敞，色彩要和谐高雅，景物点缀、服务设施的设立和整个环境要浑然一体，要烘托出安定、亲切、整洁和舒适的气氛，使客人一进饭店就能产生一种宾至如归、轻松舒适的感受。前厅布局要简洁合理，各种设施要有醒目易懂的标志，使客人能一目了然。大厅内所有设施、环境要始终保持高度清洁卫生、宁静幽雅。日本东京大仓酒店把总服务台安排在大厅之外的地方，使门厅内不直接看到总台前订房、结账的熙攘人群，听到喧闹的声音，加上大厅温度宜人、气味芬芳，令人心旷神怡。

（2）注意仪表。

接待人员的仪表应与前厅环境的美化相辉映，它们之间必须和谐一致。接待人员的仪表美不仅是指面部亲和、衣着整洁，而且包括站立、行走的姿势规范、优美。接待人员要以自己整洁大方的仪表去吸引宾客，面部表情和神态举止要引起宾客亲切、自然的共鸣。仪表与礼貌是分不开的，接待人员应熟练掌握礼貌用语，了解不同国家、民族的风俗礼仪。仪表美也应该是心灵美的反映，服务员要加强自身修养，做到内在美与外在美的高度统一，决不能成为一种纯商业性的、简单机械的人体器官运动，给宾客一种虚假的感觉。

4. 服务热情，语言优美

（1）主动热情。

所谓主动热情就是时时处处替客人着想，在客人开口动手前满足其需求。有时客人会问你到酒店的某处怎么走，当然你可以告诉他如何去，但如果这时你工作不忙，亲自领他去，其服务效果就可能完全不一样。细微之处见真情，服务员虽是举手之劳，其产生的心理效应却是很大的，会使客人有"高人一等、特殊优待"的感觉，满足其受尊重的需求心理。

（2）语言优美。

饭店以出售服务、使宾客满意为宗旨。要使宾客对服务感到满意，接待人员要研究语言的艺术。语音、语调应该是悦耳的、清晰的；语言的内容应该是准确的、充实的；语气应该是诚恳的、有礼貌的。为了使语言能够为宾客接受和理解，接待人员应尽可能多地掌握多种外国语以及我国的一些方言，特别是总台工作人员对多种语言的掌握是业务的需要。

（3）尊重风俗。

来自不同国家和地区的客人各有很多不同的习俗或习惯，总台员工要分别运用不同的服务方式，投其所好，体现出对客人的尊重。如美国人要求酒店职员礼貌待客，微笑服务，热情友好；德国人要求高效率；英国人希望自己的身份、地位得到承认；日本人则注重清洁卫生。总之，接待不同国家和地区的客人，在态度上要特别注意亲切而有礼貌，让客人感到服务是可信的，以消除其心理障碍。另外，在服务中要特别注意不同国家和地区有不同的禁忌，如果不小心触犯客人的禁忌，会被认为是对他们的侮辱。

三、客房服务心理

客房是饭店的主体部分，也是客人在饭店生活的主要场所。对客人来说，客房就是"家外之家"。他们期望有一个舒适的、符合自己生活习惯的住宿环境，并能接受到各种热情周到的服务。所以做好客房服务工作，对于保持饭店良好的声誉，从而获得更多的顾客光临，有着重要的意义（表 7-1）。

表 7-1　客房服务心理

顾　　客		酒　　店
心理要求	表现形式	应对措施
清　洁	仔细检查房间的各种用具	严格按照操作程序清扫
舒　适	希望客房能有家的感觉	为客人创造良好的客房秩序
安　全	关心人身财产安全及隐私	提高警惕，尽心尽责
尊　重	渴望受到各方面的尊重	热情礼貌，耐心细致

（一）顾客的基本需求

1. 清洁

对客房卫生的要求是客人的普遍心理。整洁能使客人产生信赖感、舒服感、安全感，使客人能放心使用。客人来到客房最先注意到的是房间的卫生情况，因为客房内的各种用品是"千人使、万人用"的，所以，任何一位新来的客人对此都十分敏感。他们要求客房的用具是清洁卫生的，特别是容易传染疾病的用具，如茶杯、抽水马桶等，都要严格消毒，保证干净。

2. 舒适

刚来到酒店住下的客人，经过乘车、船、飞机等旅途劳累，一般都已十分疲倦。他们希望客房能提供好休息的各种条件，在酒店也能有家的感觉，如环境安静、室内温度适宜、床铺舒适等。一般来说，客人进入客房，痛痛快快洗上一个热水澡，全天的疲劳就会顿时消失。如果再舒舒服服地睡一觉，就会消除一切不适，使精力更加充沛。有些客人住进客房时，则希望对他所需要的任何东西不必费神或等候，如热水、床单、毛巾的更换，小件物品的添置，文具用品的补充，照明设备的检修，家具的清洁与布置等，不短缺任何物品或感到服务怠慢，这些都可以使客人有极满意的舒适感。

3. 安全

出门在外的顾客，一般都特别注意自身的财务安全，害怕钱财丢失和被盗。住进客房的客人十分重视他们的财产及人身安全保障，希望客房是个安全的场所，如没有其他特殊的原因，不希望受到打扰和自己在酒店的一些秘密被泄露出去。他们希望通过服务人员的工作，使客房的安全落到实处。

4. 尊重

住店客人希望自己是受客房服务员欢迎的人，希望见到服务人员热情的笑脸，希望自己受到尊重。客人还希望服务人员能尊重自己对房间的使用权、尊重其来访客人和朋友、尊重自己的宗教信仰和风俗习惯。

（二）客房服务策略

了解宾客在客房居住期间的心理特点，有预见地、有针对性地采取主动、有效的服务措施是客房服务工作的根本。

1. 保证客房的清洁卫生

服务员应按卫生操作程序和标准进行清扫，并用"已消毒"的封条封好，使客人放心使用房间里的一切设备。员工做客房清洁工作时，首先要观看门栓上的标志，在无特殊标志情况下按常规次序打扫房间。员工进房前要先按门铃，绝不能不按门铃贸然闯入房间。客房服务人员要每天更换床单、枕套和枕巾，检查房内水、电、空调等各种设施的完好程度，尤其要高度重视洗浴室的清洁。

2. 搞好客房的环境秩序

服务人员要为客人创造一个安静的环境，就必须做到"三轻"，即走路轻、动作轻、说话轻，养成良好的职业习惯。服务人员应按操作规程认真仔细检查房间设备的完好情况，对有问题的设备必须及时通知工程部门维修，以防出现干扰客人休息的不良现象发生。

3. 完善饭店的安全工作

为了满足客人求安全的心理，服务员应提高警惕，配合保安人员防止不法分子进入客房行窃或进行其他破坏活动。在收拾房间时不能乱动客人的贵重物品；遇到突发事件时，如客人生病，一定要先替客人着想。做好安全工作是服务人员应尽的责任。通道处、人员集散处要有摄像机，一天24小时进行监视。房门锁要牢固可靠，防止钥匙遗失或被不良分子复制后行窃。要有重要物品代为保管制度。客人外出时把贵重的物品遗忘在房内，员工不能随意移动，必要时报告领导妥善保管，待客人返回后交给客人。

4. 满足客人受尊重的心理

（1）主动热情。

主动热情是取悦客人的关键。如果服务人员主动为客人排忧解难，客人就会尽快解除陌生感、拘谨感和紧张感，心理上得到满足和放松。客房服务人员在服务过程中要精神饱满，面带微笑，语言亲切，态度和蔼。

（2）微笑服务。

饭店服务离不开微笑，微笑要贯穿服务过程的始终。微笑是一种特殊的情绪语言，它可以起到有声语言所起不到的作用。微笑也是一种世界语言，它能直接沟通人们的心灵，架起友谊的桥梁，给人们以美好的享受。微笑可以传递愉悦、友好、善意的信息，也可表达歉意、谅解。微笑赋予旅游服务以生命力。著名的希尔顿饭店集团董事长康纳·希尔顿说："如果缺少服务员的美好微笑，好比春日的花园里失去了阳光和春风。假如我是顾客，我宁愿走进那虽然只有残旧的地毯，却处处见到微笑的旅馆，而不愿走进拥有一流的设备而见不到微笑的饭店。"他经常问下属的一句话就是："你今天微笑了没有?"国外一些成功的企业家在谈到他们的经营理念时,把"顾客是上帝"放在第一位,微笑就占据了第二的位置。由此可见微笑服务对饭店的重要性。有人从实践中总结出一句话:"诚招天下客,客从笑中来;笑脸增友谊,微笑出效益。"

（3）文明礼貌。

客房服务通过讲文明礼貌体现出对客人的尊重、理解和善意。如与客人讲话时要轻声细语,注意礼貌用语;为客人服务时要聚精会神,彬彬有礼;操作时要轻盈,避免干扰客人。

（4）耐心细致。

客房服务人员在服务过程中,即使工作繁忙,也应对客人有耐心,不急躁,对客人的询问要百问不厌,有问必答,做到宾客至上。

另外,要细心了解客人的不同需要,主动服务。如果有的客人有特殊的生活习惯,比如不吃某种食物或有其他方面的禁忌,服务员要能及时了解,尊重客人并尽量给予满足。服务员还要细心观察客人,了解他们的现实需求和潜在需求,如果能做到超前服务,会使客人更加满意。细致的服务还反映在注意服务的分寸、注意如何使客人放心、增强客人的信任感方面。客人放在房间中的各种物品,服务人员在进行房间整理和清扫时,尽量不要随意挪动。服务员在清理桌面合上客人打开的书时,最好在打开的书页处夹上个小纸条,这会使客人很满意。可见,细致周到的服务是赢得客人好感的有效方式。

第二节　餐饮服务心理

一般接待旅游者的旅游酒店都设有餐厅以方便住宿者进餐。顾客可以任意选择他认为合适的餐厅用餐,也可以不在住宿酒店的餐厅而到其他地方去解决吃饭的需要。本节把餐饮服务单独列出来以引起重视。那么,怎样才能吸引游客非常高兴地走进餐厅,而又非常满意地离去呢?（表7-2）

表7-2　餐饮服务心理

顾客心理	餐厅服务策略
有营养,符合自己的口味	创立特色名菜,做好参谋,为客人选菜配菜
餐厅、服务人员和食物要有良好的形象	餐厅要细心布置,食物要注意色香味俱全,为客人带来艺术享受
环境清洁,餐具和食物要干净	餐厅保持整洁,餐具光亮如新,食物制作过程符合卫生条件
服务快捷,无须等待太长时间	安顿客人,备有快餐,反应快速,结账及时
受到尊重,有安全感	服务人员谨记宾至如归,顾客至上

一、顾客对餐饮服务的心理需求

1. 营养风味

客人希望餐厅提供的菜点能够符合科学营养的要求，并且要求标明餐食的营养成分及含量。风味是用餐者所品尝到的口味、嗅味和质地等的综合感觉效应。客人对风味的期望和要求各不相同，有的喜爱清凉爽口，有的愿意色浓味香，有的倾向于原汁原味。

2. 形象

顾客希望他所选择的餐厅存在以下几方面的形象美：餐厅的外表和内部装饰和谐美观；餐厅的服务人员精神饱满，服饰清爽洁净，服务操作规范得体，热情有礼；食物色香味俱全，餐具精美，无"盘子缺口"现象的存在。

3. 卫生

每一位客人都非常在意餐厅的卫生情况。一旦客人发现餐厅有不清洁的地方或污染的环境，即便是不太引人注目的地方，也会令人反感。而良好的卫生环境会给人以安全、愉快、舒适的感觉。此外，每位餐饮员工都要严格遵守卫生工作条例来提供服务，如上菜时手指切忌碰触食物，并保持整洁的仪表。

4. 快捷

客人在餐厅点菜后一般坐在那里无事可干，会觉得很无聊，特别是只身的客人更觉得无聊。客人对快捷的心理需求主要表现在以下几个方面：客人一进餐厅就能找到座位，服务员很快捷地为他斟上茶水、递上菜单，想用的饭菜很快就能上来；如果需要赶火车、飞机，服务员能给予优先照顾，账单能及时送达。快捷意味着减少客人等候的时间，这能减缓客人的紧张心理。

5. 尊重和安全

常言道"宁喝顺心汤，不吃受气饭"。如果客人在餐厅未得到尊重的满足，再好的美味佳肴也会食之无味。一般说来，客人在安全方面对餐厅是信任的，认为发生事故的可能性小。然而，在餐厅偶尔会发生汤、汁洒在客人的衣物上，破损的餐具划伤手、口，路面打滑引起摔跤，甚至出现用餐时吊灯脱落击伤客人的事故。所以餐厅对于安全问题也不要掉以轻心。

二、怎样做好餐饮服务

（一）创立餐厅的特色名菜

客人就餐一般都要求食物适合自己口味，希望吃顿可口饭菜，甚至有看重色、香、味、形、声、器的心理。因此，服务员在接待时就要想方设法满足他们的要求，一方面，通过掌握各国各地区不同民族的饮食习惯，按客人要求送上菜点；另一方面，服务员还应及时向客人介绍本餐厅的特色菜点，当好客人的参谋，为客人选菜配菜。当客人进餐时，还要注意观察客人的表情动作，当客人流露出厌食或不满的神态时应及时转告后厨，并加以改进，使客人食之有趣有味，满意而归。

（二）塑造赏心悦目的形象

1. 餐厅形象

餐厅内部装饰与陈设布局要整齐和谐、清洁明亮，要给人以美观大方、高雅舒适的感觉。餐厅的光线要适宜，要使客人心情舒畅。设计一张别具一格的菜单，给客人提供一次视觉形象的美感享受。最重要的是，餐厅应该整洁干净，窗明门净，地面清洁，厅内无蚊蝇。

在公共餐厅，由于就餐人数较多，噪音较大，为了不影响客人的食欲和情绪，餐厅要尽量减少噪音的存在。同时要注意背景音乐的使用，要根据餐厅的主题播放一些使人心情舒畅的音乐。

在餐厅，由于各种菜肴的存在，会散发出各种气味，加之各种酒味和烟草味，多种气味混合在一起，给人的感觉是不愉快的。所以，餐厅要注意通风，保持空气清新。

2. 食品形象

就餐的客人不但注重食物的内在质量，也越来越注重食品的外在形式。因此，餐厅提供的食品，既要重视品质，也要重视形式的美感。

一是美好的色泽和优美的造型。在人们的生活经验中，食物的色泽与其内在的品质有着固定的联系。良好的色泽会使得客人产生质量上乘的感觉，同时激发客人的食欲。通过烹饪大师的切、雕、摆、烹等技艺，既可给顾客提供一道道造型优美的美味佳肴，也可为顾客带来了艺术上的享受。

二是符合卫生标准。餐厅里餐具要干净，没有缺口。食物原材料的选购要有正规渠道，制作过程要严格按照卫生标准执行。

（三）缩短顾客等候的时间

为满足客人求快捷的心理，应减少客人的等候时间。为尽量分散客人的注意力，餐厅可采取如下服务策略：

（1）准备快餐食品。

（2）客人坐定后，先上茶水以安顿客人，使他们在等待上菜的过程中不感到太无聊或觉得上菜太慢。另外，也可以根据客人的消费金额免费提供一些小菜，供客人食用，这样会使客人体验得到赠送的愉快，也消除了等待的无聊感。

（3）反应迅速。客人一进餐厅，服务员要及时安排好客人的座位并递上菜单，让客人点菜。

（4）结账及时。客人用餐结束，账单要及时送到，不能让客人等待付账。

（四）宾至如归，顾客至上

"宾至如归"表示餐厅对客人光临的欢迎，希望客人如同生活在自己家中一样，对一切都不感到陌生拘束，这正是迎合了顾客希望受到欢迎的心理需求。"顾客至上"就是体现出将客人放在最受尊敬的位置上。

微笑迎送顾客，微笑能使空腹的就餐者心情平和。如果有较多的客人同时到达，服务员不能一一迎接，在展现亲切的微笑时眼睛最好成散光状态面向所有客人，避免顾此失彼。客人到餐厅用餐，服务员上前引领入座，要注意观察客人的特征，做到因人而异，把客人领到他们喜欢的座位上，如对恋人、老人、儿童等在引座时要尊重他们各自的习惯。尤其要注意有生理缺陷的人，既要对他们细心照顾，也不要伤害他们的自尊。服务员在上菜、倒酒时要尊重客人的风俗习惯，使客人有宾至如归之感。

第三节　导游服务心理

旅游者怎样才能"游"好？如旅游者到达陌生的旅游目的地后，如何选择最佳的旅游路线？如何从最佳的角度、在最佳的方位去欣赏美丽的景观？如何更好地了解当地的名胜古迹、风俗民情、神话传说？去哪里购买当地的风味特产？如何解决交通、食宿、语言的沟通、理解等一系列问题？那么，旅行社及由旅行社提供的导游服务就要使游客的这些问题迎刃而解。

然而，旅行社服务的对象是形形色色的旅行者，他们对周围的事物会产生不同的心理状态。因此，旅行社服务中同样不可回避心理学上的问题。本章笔者仅谈谈具有普遍意义的服务心理学上的相关问题。

一、旅游者的心理需求

（一）旅游者共同的心理

旅游者虽然包括各种不同类型的人，他们各有不同的心理特征，而且在旅游活动的不同阶段、不同情景下会有不同的表现，但作为旅游者，他们也有共同的心理特点。为了做好旅游服务，首先必须分析、了解旅游者的共同心理特点，见图7-3。

1. 美好的期望心理

旅游者所选定的旅游活动，都是自己认为有特点、有价值、有意义的活动，往往在想象中把它加以理想化。他们期望观赏到美好的景点，接触当地友好的居民和旅途顺利愉快，因此，情绪较激动，好奇心强，对各种事物都表现出较高的兴趣。他们希望能观赏到各种新鲜事物，并能得到很好的讲解介绍，以增加理解，使好奇心得到满足。对旅游活动的美好期望心理，是旅游者重要的心理特点之一。

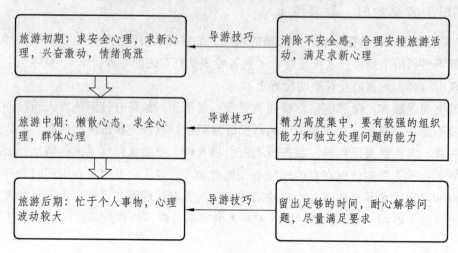

图 7-3 旅游各阶段的心理服务

2．安全保障心理

旅游是人们所期望的有益于身心健康的活动，因此，旅游者希望旅途顺利安全。人们在日常生活中都有安全心理，但对旅游者而言安全心理更具有特殊意义。在旅游过程中，由于旅游者面对人地生疏的环境，再加上个人非控制因素的增加，使他们对安全的需要变得更突出。旅游者的安全涉及各个方面，如交通的安全、身体健康的保证、财物的安全、活动计划的顺利实现等。其中，人身安全是他们关注的中心，他们希望在旅游过程中绝对不要发生人身伤害事故。此外，他们对食宿卫生也有严格的要求，以避免感染疾病。

3．被接纳、受尊重的心理

旅游者来自不同的国家、不同的地区，他们希望所到之处的居民、服务人员对他们友好、欢迎、热情，对他们的习惯、信仰等表示谅解和尊重。

4．舒适与享受心理

旅游者的旅游动机是有差别的，他们有的是为了满足休息娱乐的需要，有的是为了探奇求知的需要，有的是为了交往的需要，或者以某种需要为主兼有其他需要。但是，他们都是暂时摆脱日常环境和事务去寻求新的经历，都有希望在旅游中得到享受的共同心理。因此，他们要求交通、住宿要舒适，饮食要美味可口，服务要好，处处方便。此外，旅游者不断地参加各种活动，包括从一个旅游地转到另一旅游地的奔波，会产生身体和心理方面的疲劳，为了保证旅游活动有效地连续进行，他们也需要较舒适的交通条件和食宿条件，以减轻疲劳，保证休息和调整身心。

5．纪念心理

旅游活动是人们有意义的一种特殊经历，旅游者希望以某种形式表示对自己旅游活动的纪念，如在旅游景点拍照留念，在所到之处购买有特色的工艺品、日用品等作为纪念，这也是各类旅游者共同的心理特点。

以上心理特点是各种类型的旅游者所共同具有的，旅游服务人员应该结合自己工作内容的特点，尽量满足旅游者的心理需求，提高旅游活动的效果。要掌握旅游服务的主动权，就必须对旅游者在旅游活动全过程各个不同阶段中的心理和行为有所了解。

（二）旅游者在不同游览阶段的心理

1．旅游初期：求安全心理、求新心理

旅游者刚到旅游地往往兴奋激动，但人生地不熟、语言不通，往往容易产生孤独感、茫然感和不安全感，唯恐发生不测，有损自尊心，危及财产甚至生命。也就是说，在旅游初期，旅游者求安全的心态表现得非常突出，因此，消除旅游者的不安全感成为导游人员的首要任务。人们来到异国他乡旅游，其注意力和兴趣从日常生活转移到旅游目的地，全新的环境、奇异的景物、独特的民俗风情，使游客逐新猎奇的心理空前高涨，所以在消除游客不安全心理的同时，导游人员要合理安排活动，满足他们的求新心理。

2．旅游中期：懒散心态、求全心理、群体心理

随着旅游活动的开展以及相互接触的增多，旅游团成员间、游客与导游人员之间越来越熟悉，游客开始感到轻松愉快，会产生一种平缓、轻松的心态。但是，正由于这种心态的左右，游客往往忘却了控制自己，常常自行其是，甚至出现一些反常言行及放肆、傲慢、无理的行为。一方面，游客的个性充分暴露，开始出现懒散心态，如时间概念较差、群体观念较弱、游览活动中自由散漫、到处丢三落四、旅游团内部的矛盾逐渐显现等；另一方面，游客把旅游活动理想化，希望在异国他乡能享受到在家中不可能得到的服务，希望旅游活动的一切都是美好的、理想的，从而产生生活上、心理上的过高要求，对旅游服务横加挑剔，求全责备。此外，由于游客的思考力和判断力减弱，这时，如果团内出现思辨能力较强而又大胆直言的"领袖人物"时，其他游客便会不假思索地附和他，不知不觉地陷入一种人云亦云、随波逐流的群体心理状态。

3．旅游后期：忙于个人事务

旅游活动后期，即将返程时，游客的心理波动较大，开始忙乱起来。譬如，与家庭及亲友的联系突然增多，想购买称心如意的纪念品但又怕行李超重。总之，他们希望有更多的时间处理个人事务。在这一阶段，导游人员应给游客留出充分的时间处理自己的事情，对他们的各种疑虑要尽可能耐心地解答，必要时做一些弥补和补救工作，

使前一段时间未得到满足的个别要求得到满足。

（三）不同旅游者的具体心理特征

1. 从国籍、年龄、性别和所属阶层等方面了解游客心理

每个国家、每个民族都有自己的传统文化和民风习俗，人们的性格和思维方式亦不相同，即使是同一个国家，不同地区、不同民族的人在性格和思维方式上也有很大差异。与此同时，游客所属阶层、年龄和性别的不同，对其心理特征和生活情趣也会产生较为明显的影响。导游人员应该从这些方面去了解游客，并有针对性地向他们提供心理服务（表 7-3）。

表 7-3　从区域和国籍、所属阶层、年龄和性别看游客心理

从区域和国籍来看	西方人开放，外露，直截了当，思维由具体到抽象	英国人矜持，有绅士风度
		法国人浪漫，爱享受生活
	东方人含蓄，内向，委婉，思维由抽象到具体	中国人谦虚，勤奋，踏实
		日本人慎重，规矩，礼貌
从所属阶层来看	上层游客严谨持重，深思熟虑，期待高品位的讲解	
	一般游客话题广泛，关心热门的、普遍性的社会问题	
从年龄和性别来看	年老游客好思古怀旧，对名胜古迹有兴趣	
	年轻游客逐新猎奇，喜欢多动多看	
	女性游客喜欢带故事情节的讲解和谈论购物	

2. 从游客所处的地理环境了解游客心理

游客由于所处的地理环境不同，对于同一类旅游产品会有不同的需要与偏好，他们对那些与自己所处地理环境迥然不同的旅游目的地往往情有独钟。譬如，我国北方游客喜爱南国风情，南方游客偏好北国风光；内陆地区游客喜欢去青岛、三亚等海滨城市，沿海地区游客向往九寨沟、西双版纳独特的风貌；游人们在盛夏时节去大连、哈尔滨等北方名城，隆冬季节奔赴海南岛和东南亚。这种反向、反季节出游已成为一种时尚。

3. 从游客的出游动机了解游客心理

人们旅游行为的形成有其客观条件和主观条件。客观条件主要是人们有足够的可自由支配的收入和闲暇时间；主观条件是指人们必须具备旅游的动机。一般来说，人们参加旅游团的心理动机是：省心，不用做决定；节省时间和金钱；有伴侣、团友；有安全感；能正确了解所看到的景物。导游人员通过周到、细致的服务和精彩、生动的讲解能满足游客的这些心理需求。

4. 从游客不同的个性特征了解游客心理

游客的个性各不相同，导游人员从游客的言行举止可以判断其个性，从而达到了解游客并适时提供心理服务的目的（表7-4）。

表7-4 不同个性游客的心理服务

游客类型	活泼型	急躁型	稳重型	忧郁型
心理表现	爱交际、喜讲话，好出点子，乐于助人，喜欢多变的旅游项目	性急好动、争强好胜、易冲动、好遗忘，情绪不稳定，比较喜欢离群活动	不轻易发表见解，极希望得到尊重；容易交往，但不主动与人交往，不愿麻烦他人；喜欢细细欣赏景点，购物爱挑选比较	身体弱，易失眠，犹豫孤独，少言语但重感情
导游策略	既要乐于与他们交朋友，又要避免与他们过多交往，以免引起其他团员不满；多征求他们的意见和建议，但不要让其打乱正常的活动日程；适当地请他们帮助活跃气氛，协助照顾年老体弱者，并在适当的场合表扬他们的工作并表示感谢	避其锋芒，在其冲动时不与之计较，待其冷静后再沟通；对其服务要热情周到，要多关心他们，随时注意他们的安全	要尊重这类游客，不要怠慢，要主动多接近他们，尽量满足他们合理的要求；与他们交谈要客气、诚恳，速度要慢，声调要低；讨论问题时要平心静气，认真对待他们的意见和建议	少问，尊重其隐私；多关心体贴他们，但不能过分热情；主动与其交谈愉快的话题，但不要高声说笑，更不要随意开玩笑

这四种个性的游客中以活泼型和稳重型居多，急躁型和忧郁型只是少数。不过，典型个性只能反映在少数游客身上，多数游客往往兼有其他类型个性的特征。而且，在特定的环境中，人的个性往往会发生变化。因此导游人员在向游客提供服务时要因人而异，要随时观察游客的情绪变化，及时调整，力争使导游服务更具针对性，获得令游客满意的效果。

二、导游服务的心理策略

（一）迎接服务

在人际交往中，给人留下的第一印象是至关重要的。如果一个人在初次见面时给人留下了良好的印象，就会影响人们对他以后一系列行为的评判和解释。

导游人员在接团时留给游客的首次印象，常常会左右旅游者在以后旅游活动中的判断和认识。美好的第一印象将为导游以后工作的顺利展开铺平道路。因此，导游从机场、车站第一次接触游客起就必须注意自己的形象，要做到美观大方，态度要热情友好充满自信，办事要稳重干练。不仅要注意外表的形象和态度对游客心理的影响，而且要以周密的工作安排、良好的工作效率给游客留下美好的第一印象。从机场到酒店的交通工具、行李运送、住房安排、饮食调理到书面导游材料的提高，都要做好妥善的安排，迅速地满足游客的需求，增强游客的安全感和信任感。这是导游服务工作成功的良好开端，也为以后工作中遇到问题时，成功圆满地处理奠定了一定的感情基础。

导游人员的第一次"亮相"是在致欢迎辞的时候，只有在这时，游客才会静下心来，"掂一掂导游员的分量"。他们会用审视的目光观察导游员的衣着装束和举止风度；用耳倾听导游员的讲话声音、语调、用词是否得体，态度是否真诚……然后通过分析思考对导游员做出初步的结论。譬如，对导游人员的衣着装扮，游客会有自己的想法：如果导游太注重修饰自己，游客可能会想："光顾修饰自己的人怎么会想着别人、照顾别人？"但是，如果导游衣冠不整，游客可能又会想："连自己都照料不好的人又怎能照顾好客人？"因此，导游人员应特别注意致欢迎辞这一环节的言行举止，力求在游客心中留下良好的第一印象。

（二）游览中的服务

成功的庐山导游员

2018年夏天，导游员小芳接了一个旅游团去庐山游览。在整个游览活动中，她绘声绘色，声情并茂，对庐山的历史沿革、景点的历史背景、特色、价值、名人评说都做了有始有终的讲解。对游客的各种相关询问，也都娓娓道来。小芳还扶老携幼，与游客结成了一种亲密和谐的关系。团里有位长者听力不好，听不清讲解，她知道后，便一直让老人靠近她，一边扶着老人，一边讲解，老人深受感动。

在导游过程中，小芳始终以高昂的爱国激情，将自然与人文历史与现实紧紧相连，不仅让游客领略了庐山得天独厚的自然风光和深厚的文化底蕴，更使游客从中受到了一次高尚情感和灿烂文化的熏陶。游览活动结束时，一些游客纷纷和她合影留念、送名片，欢迎她到自己的家乡旅游、做客。

【评析】

作为游客，初到一个旅游景点，总希望导游能够满足其对旅游景点的好奇心与求知欲望；通过导游的一言一行，通过情景交融的体验，渐渐去领略这个旅游景点的内涵。于是，这个旅游景点的形象就在其脑海里形成了。这些无形与有形的东西，即使回到住地仍将回味无穷——可见，导游对旅游景点形象的确立有着极其重要的影响。本案例中，小芳的导游工作是成功的，因为她不仅向游客展示了庐山的秀美和深刻的内涵，也向游客展示了作为庐山人的自身形象。正是由于她的个人形象，良好的业务素质和高水平的服务，使庐山达到了外表与内涵、自然与人的和谐统一。

1. 调整游客的情绪

游客在旅游过程中，会随着自己的需要是否得到满足而产生不同的情感体验。如果他们的需要得到满足，就会产生愉快、满意、欢喜等肯定的、积极的情感；反之则会产生烦恼、不满、懊恼甚至愤怒等否定的、消极的情感。导游人员要善于从游客的言行举止和表情变化去了解他们的情绪，在发现游客出现消极或否定的情绪后，应及时找出原因并采取相应的措施来消除或进行调整。

2. 激发游客的游兴

导游服务要取得良好的效果，需要导游人员在游览过程中激发游客游兴，使游客自始至终沉浸在兴奋、愉悦的氛围之中。兴趣是人们力求认识某种事物或某种活动的倾向，这种倾向一经产生，就会出现积极主动、专注投入、聚精会神等心理状态，形成良好的游览心境。

导游人员可以通过突出游览对象本身的直观形象来激发游客的游兴，使游客产生叹为观止的美感，激起游客强烈的兴趣。也可以通过讲解历史故事激发游客对名胜古迹和民间艺术的探索；通过朗诵名诗佳句激起游客漫游名山大川的豪情；通过提出生动有趣的问题引起游客的思考和探讨。这样营造出的融洽、愉快的氛围可使游客的游兴更加浓烈。同时导游人员应抓住时机，组织丰富多彩的文娱活动，动员全团游客共同营造愉快氛围。有时受客观条件的限制或由于游客体力不支，难以看到景点的全貌，以致留下不少缺憾，导游可以通过声像给游客留下完整的、美好的印象。

3. 把握心理服务的要领

（1）尊重游客。

游客希望得到尊重是正常的、合理的，也是起码的要求。只有当游客生活在热情友好的氛围中，自我尊重的需求得到满足时，为他提供的各种服务才有可能发挥作用。"扬他人之长，避其之短"是尊重人的一种重要做法。在旅游活动中，导游人员要妥善安排，让游客进行"参与性"活动，使其获得自我成就感，增强其自豪感，从而让其在心理上获得最大的满足。

（2）微笑服务。

在旅游服务中，微笑具有特别的魅力。导游人员要想向游客提供成功的心理服务，就得学会提供微笑服务，要笑口常开，"笑迎天下客"。只有养成逢人就亲切微笑的好习惯，才会广结良缘，事事顺利成功。

（3）使用柔性语言。

"一句话能把人说笑，也能把人说跳。"导游人员有时一句话说好了会使游客感到高兴；但有时一不小心，甚至是无意中的一句话，也有可能伤害游客的自尊心。因此，导游人员在与游客交往时必须注意自己的语言表达方式，与游客说话要语气亲切、语调柔和、措辞委婉、说理自然，常用商讨的口吻与游客说话。这样的"柔性语言"既使人愉悦，又有较强的征服力，往往能达到以柔克刚的效果。

（4）与游客建立"伙伴关系"。

旅游活动中，游客不仅是导游人员的服务对象，也是其合作伙伴，只有获得游客的通力合作，旅游活动才能顺利进行，导游服务才能取得良好的效果。一方面，导游人员可通过诚恳的态度、热情周到的服务、谦虚谨慎的做法与游客建立合乎道德的、正常理性的情感关系。当然，这种关系应是面对每一位游客的，不能厚此薄彼。另一方面，导游人员在与游客交往时还应把握正确的心理状态，尊重游客，与游客保持平行性交往，力戒交锋性交往。

（5）提供个性化服务。

其实，每位游客既希望导游人员一视同仁，公平相待，又希望能给予自己一些特别的关照。因此，导游人员要把规范化服务和个性化服务完美地结合起来。提供个性化服务做起来并不容易，关键在于导游人员要将游客"放在心中"，眼中"有活"，把握时机主动服务。个性化服务要求导游人员要了解游客，用主动热情的服务尽力满足游客的合理要求。

◇ 本章小结

本章从旅游服务工作的角度出发，全面了解了旅游者对旅游酒店的住宿服务、餐饮服务以及旅行社服务的心理要求，并根据旅游者的心理要求采取相应的心理服务策略，方便旅游企业以及服务人员更好地做好旅游服务。

◇ 核心概念和观点

微笑服务；个性化服务；心理服务。

★不论旅游者以前的社会角色是怎样的，当他一进入饭店，与饭店服务员的社会角色就变为接待和被接待、服务和被服务的关系，而心理角色则体现为尊重和被尊重的关系。在饭店服务中，服务人员应该尊重宾客，确立"顾客至上"的宗旨。

★微笑是一种特殊的情绪语言，它可以起到有声语言所起不到的作用。微笑也是一种世界语言，它能直接沟通人们的心灵，架起友谊的桥梁，给人们以美好的享受。微笑可以传递愉悦、友好、善意的信息，也可表达歉意、谅解。微笑赋予旅游服务以生命力。

★游客的个性各不相同，导游人员从游客的言行举止可以判断其个性，从而达到了解游客并适时提供心理服务的目的。

◇ **思考题**

对下列说法进行对错判断并分析。

1. 酒店前厅服务人员的仪表优美是指仪容美丽，衣着光鲜。

2. 在导游提供服务的过程中，对待外国游客最重要的是做到殷勤周到。

第八章　旅游从业人员的心理素质

【学习目标】

□知识目标：通过本章的学习，理解并掌握旅游从业人员应具备的心理素质，包括仪表、气质、性格、情感及意志、能力与服务水平等方面；通过训练服务心理素质，提高服务的质量和水平。

□技能目标：结合对本章节基础知识点的理解和对案例的揣摩，对自身心理素质有一个全面的了解，明确服务中应保持稳定的情绪和具有忍耐性，同时做到服务中充满热情。

□能力目标：培养学生的综合服务能力，知道如何适应旅游从业人员的心理素质要求，学会观察顾客，从顾客角度出发为他们提供更优质的服务，树立旅游业的良好形象。

旅游从业人员是旅游服务工作的主体，是旅游活动中最活跃的分子和最具魅力的因素。从业人员的素质和能力关系到旅游业的兴衰成败和长远发展。它由从业人员的外在素质和内在素质构成。外在的素质表现在健康状况、仪表妆饰、语言表达、行为风度等方面；内在的素质表现在心理素质、文化修养、专业技能等方面。内在的素质还对从业人员的外在表现有一定的影响。

这些素质是旅游从业人员从事服务工作，提高服务技术水平，获取工作成就的决定因素。其中，旅游从业人员的心理素质对整个旅游业的总体服务能力、服务态度、服务表现会产生较大影响。因此，要想创造一流的服务，就要训练旅游从业人员的心理素质。

第一节　仪表、气质与服务表现

旅游从业人员的服务工作离不开与游客的沟通和交际，第一印象往往很重要，所以对从业人员的仪表和气质提出了一定的要求，这也是对旅游从业人员外在素质的要求。旅游从业人员的服务表现应是外部形象和内在气质的和谐统一。所以，旅游从业人员必须在心理上有个清晰、强烈的形象意识。

一、从业人员仪表的注意事项

旅游从业人员的仪表指从业人员的外表，它包括容貌、着装修饰和行为风度等。它是对旅游从业人员外在素质的要求。仪表其实是一个人心理状态的自然流露，它能表现一个人的年龄、地位、财富、职业等。刚刚和游客接触，仪表是一个重要吸引因素。

对旅游企业来说，从业人员的仪表如何，不仅代表着自身、企业、国家的形象，而且还体现着社会的文明程度、道德水准，反映着民族和时代的精神风貌。为此，从业人员需要在心理上有一个清晰、强烈的形象意识。

1. 体形容貌要给游客健康、精神的感觉

人的容貌具有自然属性和社会属性。人的表情不仅表现了一个人的神韵和风采，还能在一定程度上反映个体的心理特点。旅游从业人员端庄、自然、精神饱满的容貌和表情，可以给游客安全和愉快的感觉，能拉近与游客的距离，让游客乐于接受其服务。良好的容貌、体态与先天条件有关，但更重要的是通过后天锻炼获得。在实际的工作中，从业人员的修饰关键是要把握自然美和修饰美的适度结合。倘若刻意浓妆艳抹，则会使游客望而生厌，不愿意和从业人员接触。

2. 服饰穿着要给顾客舒适、端庄的感觉

服饰穿着包括服装、鞋帽、首饰等，是附着于人体的展示物，是社交中表现自我的重要手段，也是对容貌、体形的掩饰和衬托。在旅游企业中，从业人员的服饰穿着要整洁大方、合体，与环境相和谐，与职业特征相符合；能让游客联想到企业尊重旅客的服务精神、想到从业人员积极热忱的工作态度。

3. 行为风度能给顾客稳重、文雅的感觉

旅游从业人员的行为风度，主要指服务员在待客接物中所表现出来的动作、姿态。一般来说，从业人员站立时要保持身直、挺胸、两肩平正。行姿要"轻、稳、灵"。坐姿要稳，以表现对游客的尊重和期待。旅游从业人员的行为风度体现着他们的性格和心灵，反映出他们的文明程度和心理状态。行为风度大方文雅、热情庄重，能使游客在接触时内心深处产生良好的感觉，促进消费。反之，举止轻浮、言谈粗鄙，则会使游客产生不良感觉，难以接受其服务。

二、对从业人员气质的要求

气质是一个人稳定的心理活动动力特征，主要指心理活动的强度、速度、灵活性与指向性等方面。它对人的实践活动会产生重要影响。在旅游服务工作中，对从业人员的气质有特殊的要求，主要有以下三点：

1. 感受性和灵敏性不宜过高

感受性是指个体对外界刺激达到多大强度时才能引起的反应。而灵敏性是个体心理反应的速度和动作的敏捷程度。在旅游活动中，从业人员的服务工作处于一个经常变化的活动空间，受各种因素的影响，与各种人群频繁交往，而这些人群的文化背景、个性倾向存在着较大的差异。

试想，如果旅游从业人员的感受性太高，稍有刺激就引起心理反应，那么，当游客提出不同的要求，发生意想不到的事件时，这些都会刺激他们的头脑，势必导致他们精力分散、注意力不集中，影响他们的服务表现。这个过程如图 8-1 所示。

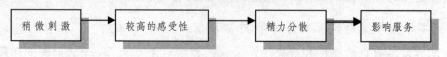

图 8-1　刺激高感受流程图

相反，如果从业人员的感受性太低，对周围事物熟视无睹，将会怠慢游客，导致矛盾发生，降低游客的满意度，使游客对服务人员和整个旅游企业产生不满。它的影响流程如图 8-2 所示。

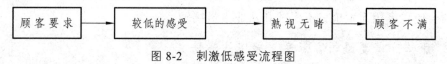

图 8-2　刺激低感受流程图

所以，旅游从业人员要想在工作中处于一种热情饱满的状态，灵敏性就不能太高。正常情况下，灵敏性应该根据客流量的大小随时调节。

2. 忍耐性和情绪兴奋性不能低

忍耐性是指个体在遇到各种刺激和压力时的心理承受能力。而情绪兴奋性是指个体遇到高兴或扫兴的事情时，能否控制自己的情绪波动，使自己始终处于一种喜事不骄、挫折不馁的状态。

旅游从业人员的工作与一般工作不同，虽然游客复杂多变，但从业人员的服务基本不变。比如一个导游服务人员，日复一日、年复一年地带领游客到景点游览；常年跑一条线的司机等。这种单一的工作必然会让从业人员产生厌倦感，产生一种压力。

而面对一批批的新游客，从业人员必须克服对工作的厌倦，解除心理压力，把工作做好，把游客的情绪和兴致激发起来，精神饱满地为游客服务。可见，较好的忍耐性和情绪性是旅游服务从业人员必备的心理素质之一。

3. 可塑性要强

可塑性是指从业人员对服务环境中出现的各种情况及变化的适应程度。服务工作没有什么固定的模式，但讲究因人因事而异的原则。以提供饮食服务来看，不同民族、不同地域的游客有不同的饮食特点。比如在国内，一般而言，南方人爱吃米饭，北方人爱吃面食，山西人喜欢醋，四川人喜欢辣，内蒙古人喜欢肉。如果不考虑人们的饮食特点，只提供同一种服务，那么游客将很难接受。并且，游客在心血来潮的时候，常会产生新奇的需求，对游客的合理需要，从业人员都应该尽力满足。为此，旅游从业人员只有具备较强的可塑性，才能应变游客的需求变化，把服务工作做好。

第二节　性格、情感与服务热情

性格是指一个人在生活过程中所形成的，对现实稳固的态度以及与之相适应的习惯了的行为方式。情感是人对客观现实的一种特殊反映形式，是人对客观事物是否符合自己的需要而产生的态度体验。性格与情感这两者的结合，是影响服务人员能否满腔热情地为旅客服务的重要心理条件。我们研究从业人员的性格和情感问题，就是为了帮助从业人员树立并保持饱满的服务热情。

一、从业人员的性格

（一）性格的表现形式

性格是指特征、标志、属性或特性。每个人都有不同于他人的独特之处。图 8-3 显示了几种性格的表现形式。

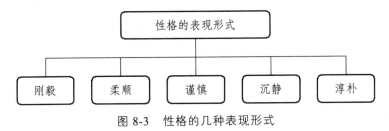

图 8-3　性格的几种表现形式

这些不同之处，恰表现出一个人对现实的态度和习惯化了的行为方式，并且能表现在他的行为举动之中。心理学研究和实践经验证明，勤奋、坚持、自信的性格，可以促进能力的形成和发展。而严于律己的性格，可以支配和控制气质与习惯。所以，当我们分析一个人的性格特征时，就有可能在某种程度上预见他在某种情况下将要如何行动。由此可见，性格在一个人心理活动中的地位和它在一个人行为中的作用是非同一般的。

（二）从业人员需要具备的性格特征

从旅游服务工作的客观角度看，从业人员首先要有谅解、支持、友好、团结、诚实、谦虚、热情等良好的性格特征。具有了上面这些性格特征，才可能与游客建立良好的人际关系，在服务工作中保持最佳的服务状态，使游客感到亲切。如果，从业人员对人冷淡、刻薄、嫉妒、高傲，就容易导致人际关系紧张，使游客不满。

此外，从业人员要有独立、适应、事业心、责任心和恒心的性格特征。一般来说，独立性强的从业人员抱负水准高；适应能力强的人有开拓精神和应变能力；有事业心、责任心和恒心的人工作勤奋、效率高。相反，依赖性强的人缺乏自信，也不可能创造性地做好服务工作。爱耍小聪明，懒惰、心浮气躁的人工作效率一定不高。从服务工作的微观角度来考虑，不同工种的服务人员，对性格的要求也不同。具体见表8-1。

表 8-1　不同服务工作对性格的要求

服务类型	性格要求
导游服务人员	乐观外向、负责、自立、当机立断
客房服务人员	缄默、负责、自律严谨
餐厅服务人员	热情外向、机智灵活、自信
材料保管人员	严谨、负责、现实、自律、心平气和

由表8-1可见，导游服务人员、客房服务人员、餐厅服务人员、材料保管人员的职业特点要求他们具有不同的性格。所以，旅游从业人员要根据他们自身的性格特征来选择合适的职业，为游客提供满意的服务。

（三）塑造良好性格特征的途径

为了塑造良好的性格特征，旅游从业人员应不断加强个人的心理素质修养，途径如下：

（1）努力提高文化水平，加强职业道德修养，保持乐观的心境。

（2）努力学习别人的长处，诚心接受他人的帮助。

（3）积极参加社会实践，在工作中检验自我修养的结果。

二、从业人员的情感

情感是人心理生活的一个重要方面，它是人对客观事物与人的需要之间关系的反映。在主客体关系中，不是任何客观事物都能引起人的情感体验的。比如，一般情况下，汽车声、歌声引不起人们情感的体验，但当我们需要休息或思考问题的时候，这些声音会使我们觉得讨厌；当我们需要乘车或需要娱乐时，这些声音会使我们感到特别欣慰。

由此可见，客体是否能够引起人们的情感体验，是以人的需要为中介的。人们在日常生活中，当需要被满足时，会产生热爱、满意、愉快等情感体验；当需要不能被满足时，会产生憎恨、不愉快、痛苦、羞耻等情感体验。

潜在的冲突

旅游一线服务人员在工作中，要面对以下各种潜在的冲突：

个人与角色冲突。作为一线服务人员的角色要求与员工本人的自我形象、个性、生活方式或价值观之间的冲突。

组织与顾客冲突。在组织的规章政策和顾客的个人要求前，一线服务人员面临矛盾和难以两全的情况。

顾客间的冲突。有时候，冲突源于两个以上的顾客对服务有着不同的期望和要求。

顺次为顾客服务时。在服务进程中，服务人员往往难以为接受服务的顾客平均分配时间，可能造成某些顾客抱怨服务人员不公平地对待顾客。

同时为顾客服务时。在服务过程中，服务人员可能面临着顾客个性化、特殊化需要的难题。

质量和效率目标冲突。服务组织要求员工既要为顾客提供令人满意的、充满情感的服务，又要求员工服务工作效率高、成本低、产出可观。如果同时向员工提出这两方面的过高目标和要求，势必增加一线人员的角色负担，使其陷入两难的困境。

（一）个人情感与情绪

在谈情感时常涉及人的情绪问题，其实情感和情绪都是客观事物是否符合人的需要与愿望、观点而产生的体验。

在现实的具体的人身上，二者经常交织在一起，很难严格区别。如果要区分的话，可以说二者是表里关系，即情绪是情感的外在表现，情感是情绪的内在本质内容。具体表现在以下三个方面：

首先，情绪一开始就跟需要（特别是生理需要）相联系，而情感则更多地跟社会需要、社会认识、理性观念及观点相联系。为此情感带有明显的社会制约性，它是一个人社会化的重要组成部分与标志。

其次，情绪具有情景性。它随情景或一时需要的出现而发生，也随情景的变迁或需要的满足而较快地减弱或消逝；而情感则由于它对主客关系概括而深入的认识和一贯的态度，不仅具有情景性，还具有稳定性和深刻性。由此，人们常视其为个性的结构或个性的表现。

最后，情绪带有更多的冲动性和外显性，而情感显得深沉，常以内隐的形式存在或以微妙的方式流露出来。

情感和情绪具有两极性。比如在情绪的强度方面，有强弱之分；在紧张度方面，有紧张和轻松之分；在快感方面，有快与不快之分；在复杂度方面，有简单与复杂之分。情感的两极性主要表现在积极的与消极的体验上，也表现在增力作用和减力作用上。

（二）情感的体验形式

在日常生活和具体活动中，人们情感的体验形式是多种多样的，概括起来主要有以下几种。

首先是心境。心境是一种微弱、平静而持续时间较久的情感体验。通常有愉悦的心境、焦虑的心境、悲观的心境、冷漠的心境等。心境的产生受制于多种因素，如工作的顺和逆、事业的成和败、人际关系的协调和紧张、身体状况的好和坏、环境的优与劣等。在当今生活和工作中，积极良好的心境可使人精力充沛、乐观向上。消极不良的心境可使人消沉、失望、缺乏动力。在一般情况下，心境倾向于扩散和蔓延，在心境发生的全部时间内影响人的整个行为表现。

其次是激情。激情是一种爆发式的、强烈而短暂的情感体验。狂喜、暴怒、惊恐、绝望、极度悲愤、异常恐惧等，都是激情的表现。激情多由重大突发事件所引起。当一个人处于激情状态时，常会出现"意识狭窄"现象，即认识范围缩小，失去理智，不能自控，从而导致鲁莽行为。但有时激情也有积极意义，它会使人产生英雄举动、抒发感人的心声。所以旅游从业人员要发挥好激情的积极作用，抑制它的消极作用。

再次是应激。应激是由于出乎意料的紧张而引起某种行为反应时所产生的情感体验。在起火、爆炸、控制失灵等危险情境时，在旅客爆满、应接不暇时，都可能会引起人们应激的情绪反应。一般来说反应有两种表现形式：一是吓昏了头脑，张皇失措，不知所为；二是头脑清醒，急中生智，动作准确有力，及时排除险情。

最后是热情。热情是一种有力、稳定而深厚的情感体验。热情总是与有明确的目的性和积极性的行动紧密联系。它对活动产生的满意、积极、肯定的情绪不会因时过境而改变，它控制人的身心，影响整个人的思想行为，是鼓舞人去行动的巨大力量。

它们的关系通过图 8-4 可以看出。

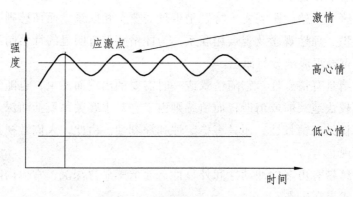

图 8-4　情感的体验形式

（三）旅游从业人员的情感要求

情感影响整个人的思想和行为。按照职业心理要求，旅游从业人员的情感应具备以下四个方面的内容：

第一，要有良好的情感倾向性。情感倾向性是指一个人的情感指向什么和为什么而引起。比如，同是热情，指向旅游业的服务本身或服务对象——广大游客，这是高尚的情感；如果指向的是损害国家、企业利益，能为自己提供私利的个别中间商，那将是卑鄙的情感。因此，旅游从业人员良好的情感倾向，应指向全心全意为游客服务上来。在服务工作中，关心、体贴和热爱顾客，不计较游客不当的语言，不计较游客不好的态度，不计较个别游客无理的要求，一切为游客着想，真正从思想上认识到"客人永远是对"的。

第二，要有深厚的情感。深厚的情感是指与真正的理想、信念、观点、人生观紧密联系的情感。有深厚情感的服务人员的热情服务不受偶发性因素的影响，他们对游客的热情也不是靠一时的冲动性，他们的热情服务体现在旅游服务工作的方方面面。

第三，要有稳定而持久的情感。稳定而持久的情感是与情感的深厚性联系在一起的，并是在相当长的一段时间内不变化的情感。这个方面对服务人员的要求是：要把积极的情感稳定而持久地控制在对工作的热情上，控制在为游客服务上；对工作的热情应持之以恒，对工作的态度应始终如一。

第四，要有较高的情感效应。情感效应是指情感在人的实践活动中所发生作用的程度。它是激励人们行为的动力因素。一般来说，情感效能若高，服务员便能够把任何情感转化成促使其积极学习、努力工作的动力。而情感效能低的服务人员尽管有时对工作也有强烈的欲望，但往往是挂在嘴上，而缺乏具体的行动。所以，为了主动、热情、耐心、周到地搞好服务工作，对从业人员情感效能转化的要求要更高一些。

第三节　意志、能力与服务水平

服务水平是指旅游从业人员在为游客服务方面所达到的某种程度。它包括服务质量的优劣、技术的高低、效果的好坏等。就一个企业来说，每个从业人员的服务水平都不完全一样，有高有低。从服务心理学的角度来看，在其他条件相同的情况下，从业人员水平的高低主要取决于各个从业人员的观察力、记忆力、想象力、思维力、表达能力以及业务熟练的程度等。在实际的服务工作中，上述能力的提高并非一朝一夕所能办到的，需要从业人员用克服困难的勇气和坚忍不拔的毅力来控制自己的行动。这就是心理学中所说的意志过程。它们的关系如图8-5所示。

由此可见，从业人员的意志、能力同服务水平是密切相关的。因此，为了提高旅游企业的服务水平，每个从业人员都面临着加强意志修养、提高自身能力的问题。

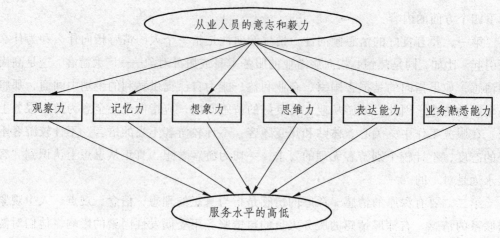

图 8-5 意志、能力与服务水平之间的关系

一、从业人员需要具备的意志

意志是人们为了实现预定目的而自觉努力的一种心理过程。作为旅游从业人员，要想在复杂的接待服务环境中把自己锻炼成一名优秀的工作者，要想不断克服由各种主客观原因造成的心理障碍，就要不断发挥主观的能动作用，增强自己的意志素质。对旅游从业人员来说，坚强的意志品质主要表现在以下四个方面：

1. 自觉性

坚强的意志具有自觉支配自己的行动，努力实现既定目标的特点。自觉性较强的旅游从业人员，一般具有坚强的意志。这种服务人员在服务工作中会在自己的意志调节和控制下，自觉地支配自己的行动。他会始终不渝地为提高自己的业务水平而努力奋斗。同时，也能正确地对待自己的成绩与进步，虚心向他人学习，改正自己的不足，勇于克服各种困难，战胜各种挫折。相反，缺乏意志自觉性的人，就会在工作中忽东忽西，盲目从事，很可能一事无成。

2. 果断性

果断性是指一个人善于迅速地根据情况的变化，采取相应措施的意志特点。具有果断性的服务员，在处理接待服务过程中的各种矛盾问题时，能够反应机敏、迅速果断。同时，对在工作中碰到的各种矛盾，还能善于权衡利弊、全面考虑，并恰到好处地利用一切可以利用的条件，不失时机地正确地给予处理。反之，缺乏意志果断的人遇到问题时，往往犹豫徘徊或草率行事，激化矛盾，把本来容易解决的问题复杂化或变得难以解决。

3. 自制力

自制力是一种对个人情感、行动的约束能力。自制力较强的服务人员，能够控制自己的情绪，有谦让忍耐性。不论与何种类型的游客接触，无论发生什么问题，都能镇定自若，善于把握自己的言语分寸，不失礼于人。同时，还能克服和调节自己的行动，遇到困难、繁重的任务不回避，对工作不挑拣，讲究纪律约束性。而具有冲动性的从业人员，一般容易感情用事，为了一时的痛快，往往不顾及后果，常与游客发生冲突。

另外，服务人员在服务中应具有稳定的心理平衡能力。所谓心理平衡能力，就是指在客人寻事时能忍耐，具有在客人面前始终平静、谦恭的心理承受能力。这与自制力类似，看起来似乎有失人格，然而这却是职业上的需要。当然，这种承受不是对超出服务范围的人格侮辱的包容。但只有具备了这种承受力，在客人挑剔、发火、骂人甚至打人时，你才能不生气、不哭泣、不争吵，保持稳定的心理，从而使服务继续下去。

4. 坚韧性

坚韧性是指从业人员对外部障碍所产生的一种锲而不舍的意志特点。对从业人员来说，如果缺乏意志坚韧性，就难以应付外部环境的变化，难以在复杂的环境中做出突出的贡献。因此，为了磨炼自己的意志坚韧性，服务人员一定要有明确的奋斗目标与努力方向。这样的目的性越强，行动越坚决，排除一切外界干扰的能力才会日益提高。不然的话，立志无常、遇难而退，就会造成意志的脆弱。

"做导游，你心理上准备好了吗？"

在导游人员资格考试培训的教室里，几百个位置座无虚席，培训老师王教授笑着说："这么多的同学都要当导游啊！是不是因为导游可以游山玩水不花钱，白吃白喝还挣钱啊！"全场都哄堂大笑，几乎同时，大家异口同声地说："是。"这个回答让王教授非常感慨。"在座的各位年轻人一看就是愿意赶时髦，很羡慕导游工作，觉得这是件美差，可你们有没有人知道，导游也要付出许多辛苦的。"同学们听到后都无言以对了。

"其实，导游这一行，真的是个挺累人的行当。大家'不做不知道，一做吓一跳'。有这么句顺口溜是描写导游生活的，'导游苦，冬生冻疮夏中暑；导游累，最早起床最晚睡；导游愁，无休无止交人头；导游气，无人喝彩干着急。'"王教授话语一落，教室里没有了笑声，大家前后交流起来。此时，一位同学举手示意王教授。王教授请她站起来发言。这位女同学说："王老师，我们非常感谢您告诉我们导游这一行业的真实现状，事实也许真的没有我们想象的那么完美，可是我们还是想让您引领我们走近它，通过亲身感受来证明自身的价值。"女同学的话音刚落教室里爆发出一阵掌声。王教授被年轻人的热情所打动。他郑重地翻开了第一页，讲述第一节——什么是"旅游"。

【评析】

想从事导游服务工作仅有热情和激情是不够的，还必须要做好充分的心理准备。具体表现为：首先，准备面临艰苦复杂的工作。导游人员在接团时不能只考虑按正规的工作程序要求，为旅游者提供热情服务，还要有遇到问题、发生事故时应如何面对和妥善处理的思想准备。其次，准备承受抱怨和投诉。有时导游人员虽然已经尽其所能热情地为旅游者服务了，但还是会遇到一些旅游者的抱怨、指责，甚至投诉。因此，导游员在上团之前，一定要有足够的心理准备，要冷静、沉着地面对，为游客提供优质服务。

二、对从业人员能力的要求

任何人的能力都是借助某个基本条件形成的。这些条件，第一是智力，它标志着人的大脑对于客观事物的认识、领会和做出反应的心理水平，是能力形成和发展的先天条件。人的灵敏、笨拙、接受能力的强弱都是由此决定。第二是知识技能，这是只有通过学习和训练才能掌握的人类实践经验的结晶，是能力形成和发展的后天基础。第三是实践的机会，实践的机会越多，能力提高越快。第四是个人的勤奋程度，它是造成能力差别的重要原因之一。

从业人员的能力是直接影响服务效率、服务效果的重要心理特征，也是影响企业服务水平的主要因素。从服务心理学角度来看，服务人员除具有一般活动的基本能力外，职业心理对旅游服务人员的能力有以下几点要求：

1. 敏锐的观察力

从业人员最使游客佩服的本领，就是能把游客最感兴趣的某种需要一语道破。要达到这一良好的效果，服务员必须要有敏锐的观察力。人们经常把真实的自我隐藏起来，如果你没有敏锐的观察力，游客偶然表现出来的真实自我便会"悄然溜走"。

从业人员观察力的强弱与其对服务工作的兴趣、注意力及当时的心境有密切关系。同时，也与他掌握观察的知识多少和方法有关。为了提高旅游从业人员的观察能力，作为服务人员应注意以下几点：

仔细倾听。听游客说什么，怎么说，话中的含义是什么。

仔细观察。看游客的穿着打扮，动作、姿势的含义，可能会说什么话。

尽量少讲。避免说错话，多提问题，但尽量不说出答案。

不要把游客留下的第一印象，当作信条加以肯定。

做好事先准备。先回想对此类游客的了解，预计他将做出什么反应，然后确定自己该怎么说，怎么做才能达到目的。

注意谨慎。如已了解对方的作风，先不要告诉他你觉得他如何如何，如果让对方知道了你对他的了解，以后就不可能再有效地运用这种了解来影响他了。

保持超然。在热闹的场合中保持超然，能大大提高自己的观察能力。如果一起凑热闹，容易暴露自己的本性。保持超然会使自己冷静，处于优势，不易被人控制。

2. 良好的记忆力

良好的记忆力对于做好服务工作是十分重要的。良好的记忆力能帮助从业人员及时回想出在服务环境中所需要的一切知识和技能。对旅游服务来说，良好的记忆力是从业人员提供优质服务的智力基础。为此，强化服务人员的记忆力是提高从业人员服务水平的重要方面。

那么，怎样强化从业人员的记忆能力呢？第一，要明确记忆目标，这样就会使大脑处于高度激活状态，方位越明确，对外部信息才能记得清、存得久。第二，要精力集中，力求理解。第三，要反复运用，起到复习之效。第四，要讲究科学的记忆方法，这样才能记得清晰牢固，用起来得心应手。

3. 稳定而灵活的注意力

旅游从业人员的注意力是在其注意的基础上所形成的一种专心致志的心理现象。它是指人的心理活动指向和集中在一定的事物上，即通常所说的全神贯注、侧耳倾听、冥思苦想、凝神专注等状态。

根据旅游服务工作的特点，对旅游从业人员注意力的要求是：在服务岗位上，注意力相对稳定、适时灵活转移，克服过分集中与分散的弱点。具体来说，在服务过程中，服务员的精力应集中到为游客服务上来，对影响精力集中的各种不利因素要有较强的"抗干扰"能力，只有这样，才能动作敏捷、耐心周到地服务游客。同时，从业人员的注意力应相对稳定在一定范围内，在接待一位游客时，还要注意其他游客的流动情况。

要想培养自身稳定而又灵活的注意力，首先要有强烈的事业心和责任感，这样才能把最关心的问题摆到注意的中心位置上来。其次，要有坚强的意志，在坚强意志的支配下养成因时、因地、因事的改变而灵活分配自身注意力的良好习惯。最后，要有敏捷的思维能力，这是灵活分配自己的注意力、增强应变能力、提高服务效率的基础。

4. 较强的交际能力

交际能力是旅游从业人员利用各种才干进行交际来往的本领。根据旅游业的特点，对旅游从业人员的交际能力要求如下：

首先，应重视给游客的第一印象。它是指接待服务人员要讲究仪表美，仪表美是交际中很重要的吸引因素。

其次，要有简洁、流畅的言语表达能力。言语是从业人员与客人交往的主要工具，这是交际能力的重要表现。

再次，要有妥善处理各种矛盾的应变能力。在服务过程中，主客双方的矛盾是经常发生的。在这种情况下，应变能力强的从业人员就能正确处理各种问题，在既不损伤企业声誉又能维护游客情面的情况下，妥善地把各种问题处理好。

最后，要有对游客的招徕能力。它要求从业人员要有与游客融洽感情的本领，要有满足游客要求的能力，要有通过展示本企业的服务优势来吸引游客的技巧，要有促使游客主动消费的招法，还要有使游客再次光临本企业的谋略。

总之，旅游从业人员应具有的能力素质，是一种相互制约的多元化的能力系统。它是由多方面的心理特征所构成的，也是各种主客观因素相互渗透、交叉作用的结果。

◇ 本章小结

本章主要从仪表、气质、性格、情感及意志、能力与服务水平等方面分析了旅游业对从业人员的心理素质要求。对仪表美的要求是体形容貌要给旅客以健康、精神的感觉；服饰穿着要给顾客以舒适、端庄的感觉；行为风度能给顾客以稳重、文雅的感觉。对气质的要求是感受性和灵敏性不宜过高；忍耐性和情绪兴奋性不能低；可塑性要强。对性格和情感的要求是要有良好的情感倾向性；要有深厚的情感；要有稳定而持久的情感；要有较高的情感效应；要有敏锐的观察力和良好的记忆力；要有稳定而灵活的注意力和较强的交际能力。

◇ 核心概念和观点

气质；感受性；性格；情感；意志。

★在旅游企业中，从业人员的服饰穿着要整洁大方、合体，与环境相和谐，与职业特征相符合。能让游客联想到企业尊重旅客的服务精神；想到从业人员积极热忱的工作态度。

★心理素质是旅游从业人员从事服务工作，提高服务技术水平，获取工作成就的决定因素。

★从旅游服务工作的客观角度看，从业人员首先要有谅解、支持、友好、团结、诚实、谦虚、热情等良好的性格特征。

◇ 思考题

1. 简单概括一下旅游从业人员的心理素质要求主要有哪些。
2. 如何理解意志、能力与服务水平之间的关系？

第九章　旅游企业员工心理及行为管理

【学习目标】

□知识目标：明白什么是员工气质差异、性格差异和能力差异；明晰员工心理健康标准及员工问题行为的表现及产生实质。

□技能目标：区分员工气质差异、性格差异和能力差异，针对员工的个体心理差异进行相应的管理；准确分析员工问题行为产生的实质和原因，帮助员工调整心态，有效预防和矫正问题行为。

□能力目标：正确运用激励机制，调动员工的工作积极性，使其获得自我实现，并且积极地引导他们热爱企业，实现企业持续发展。

第一节　旅游企业员工个体心理差异及管理

一、气质差异与管理

（一）气质及类型

气质，指个体心理活动进行的速度、强度、稳定性和指向性等心理活动的动力特征，类似人们通常所说的性情、脾气。心理活动进行的速度，主要指知觉、思维反应的快慢，如知觉的速度、思维的灵活程度等；强度，指情绪反应的强弱、意志努力程度，如情绪的强度，意志力的强弱等；稳定性，指注意力集中时间的长短；指向性，指人的反应与活动主要依赖外部印象，还是依赖内部已有的印象和思想，如经常分析自己的言行等。气质具有极大的稳定性，很少因动机而发生变化，即在不同活动中，同一个个体将会表现出相同性质的气质特点。例如，一个具有活泼、好动气质特征的服务员，会在饭店的各种活动中将其气质特征表现出来。此外，一个人的气质特点不依活动内容而转移。

俄罗斯生理学家巴甫洛夫认为，每个人都有许多不同的气质特点，但这些特点并非偶然地彼此结合，而是有规则地互相联系着。人的气质是高级神经活动的强度、平衡性与灵活性三种特性组合而成的。他科学地解答了希波克拉底四种气质类型划分的神经心理原因（表9-1），这是目前人们普遍赞成的气质学说。

表 9-1　高级神经活动类型与气质类型对照表

神经活动的基本特征			高级神经活动的类型	气质类型	气质特征
强度	平衡性	灵活性			
强	不平衡		兴奋型（不可抑制型）	胆汁质	直率，热情，精力充沛，情绪易冲动，心境变化剧烈，外倾
强	平衡	灵活	活泼型（灵活型）	多血质	活泼好动，敏感，反应迅速，注意力容易转移，兴趣易改变，外倾
强	平衡	不灵活	安静型	（不灵活性）黏液质	安静，稳定，反应迟缓，情绪不外露，注意力难转移，内倾
强	不平衡		弱型（抑郁型）	抑郁质	孤僻，行动迟缓，情绪体验深刻，善于觉察他人细节，内倾

（二）气质管理

1. 正确理解气质的类型

首先，气质没有好坏之分。因为气质是心理活动的动力特征，与心理活动的内容无关，并不决定具体个性特征的内容与好坏。比如，两个人同属胆汁质，一个人勤勤恳恳，干一行爱一行；而另一个人则是干集体的工作松松垮垮，干自己的事却不遗余力。其次，气质的类型不决定人活动成就的高低。并非某种气质的人能成才，某种气质的人不能成才。再次，任何一种气质都有其积极方面和消极方面。例如多血质的人情绪饱满，灵活敏捷，善于交际，容易适应环境，但注意力不稳定，兴趣容易转移。而抑郁质的人反应迟缓，缺乏热情，耐受力差，但情感细腻，做事谨慎，观察敏锐。此外，同属某种典型气质的人比较少，多数是两者或多种气质的混合型。

2. 要根据不同气质安排适宜的工作

气质不影响人们成就的高低，但并不是说气质对人没影响。气质对工作效率高低的影响是不容忽视的。我们可以看到不同气质特点的人从事同一工作，可以干得同样出色。这说明，决定工作成败的关键是其工作态度、熟练程度等因素，而不是其气质特点。因为人们在工作中通过发挥主观能动性，均可适应工作，圆满完成任务。但不能否定，当一个人所具有的气质特点符合工作要求时，这个人就比较容易适应，工作起来就比较轻松，反之，则有些困难。

实践证明，从事任何一项工作，都要求人们具有一定的心理品质或条件。在旅游企业各部门的人员选择和安排上，首先应确定完成此项工作所必需的特殊能力和气质特点，然后选拔、鉴定符合此项工作要求的人。以饭店的前厅服务工作为例，客人来店时，服务人员要对来宾表示问候，帮助客人接拿行李；客人离店时，服务人员要为客人安排车辆和运送行李等，此外，还要负责回答客人提出的一些问题，如有关饭店的情况和当地的情况等，这就要求前厅服务人员有迅速灵活的反应能力。因此，对于多血质和胆汁质的人来说，前厅服务工作就较为适合。另外，旅行社的导游接待人员要处理很多旅游活动中的突发事件，可能需要协调各方面的关系，因此热情、具有良好沟通能力的多血质的人就有很大的发挥空间。此外，多血质的人也适于做公共关系、销售、餐厅看台分配等工作，而像财务、记账等工作，要求认真、持久耐心，所以让黏液质和抑郁质的人来做就较为适合。

根据气质择业更能发挥优势

如果在职业的选择过程中，能考虑到自己的气质类型而选择与其相适的职业，就更能发挥优势与特长，取得更大的成就。

胆汁质型。胆汁质又称不可抑制型，属于战斗类型。这种气质类型的人精力旺盛，反应敏捷，乐观大方，但性急、暴躁而缺少耐性，热情忽高忽低。这种人适合于做刺激性大而富于挑战的工作，如导游、节目主持人、推销员、演员、模特等。胆汁质的人不适合做整天坐在办公室或不走动的工作。

多血质型。多血质的人又称活泼型，属于敏捷好动的类型。这种人适应能力强，善于交际，在新的环境中应付自如，反应迅速而灵活；办事效率高，但注意力不稳定，兴趣容易转移。多血质人的职业选择较广泛，如新闻工作、外事工作、服务人员、咨询员等。多血质的人不适合做细致单调、环境过于安静的工作。

黏液质型。粘液质又称安静型，属于缄默而沉静的类型。这种人踏实、稳重，兴趣持久专注，善于忍耐，但黏液质人有些惰性，不够灵活，而且不善于转移注意力。这种类型的人适合做管理人员、办公室文员、会计、出纳、播音员等。黏液质的人不适合做富于变化和挑战性大的工作。

抑郁质型。抑郁质又称易抑制型，属于呆板而羞涩的类型。这种人感情细腻，做事小心谨慎，善于察觉到别人观察不到的微小细节。但抑郁质的人适应能力较差，易于疲劳，行动迟缓、羞涩、孤僻且显得不大合群。这种类型的人适合做保管员、化验员、排版员、保育员、研究人员等。抑郁质的人不适合做需与各色人物打交道、变化多端、大量消耗体力和脑力的工作。

3. 在组织工作班子时要考虑气质结构

由不同气质类型的人组成群体，有助于成员之间的性格互补、人际关系的协调、群体气氛的活跃。一个只有黏液质和抑郁质的人的群体必然缺乏朝气，而由多血质的人组成的群体，虽然共同语言多、气氛较为活跃，但难协调统一。因此，如果一个群体里同时具备了不同气质类型的人，就比单纯的同一气质类型的人在一起工作更容易搞好人际关系，所发挥的效率也要高得多。

4. 针对不同气质的人，采用不同的方式、方法进行思想政治工作

气质不同，人们对同一思想、工作方式的反应也就不同。因此，在做思想工作时，要针对不同气质的人，采用不同的方式、方法。比如，胆汁质的人容易冲动，吃软不吃硬，因此，在批评教育这类人时，要摆事实，讲道理，不能以势压人，要"冷处理"，给他一定的自我思考时间；对于多血质的人，由于他们接受快，但不稳定，易反复，因此要多做工作，不要以为一时做通就没问题了；对于黏液质的人，由于他们反应慢，批评时要适当加大刺激量，要有耐心；对于抑郁质的人，由于他们敏感，内心活动多，情绪体验深，所以要少指责，多体贴，不涉及问题以外的事，以免加重他们的思想负担。

5. 引导不同气质的人，促进员工的身心健康

不同气质的人对社会刺激的反应不同，承受能力也不同，遇到重大挫折时尤为明显，势必造成不同的心理负担，影响个体的心理和身体健康，这是管理者必须重视的问题。如胆汁质的人争强好胜，精力旺盛，被称为"工作狂"，因此领导要关心他们，不要因为他们能干、愿意干，就一味加担子，忽略他们的身体健康；抑郁质的人心胸不开阔，遇事内心活动多，特别是遇到较大的刺激时往往难以承受，长此以往会导致心理和身体疾病，因此，领导要多关心体贴、开导他们。

总之，气质是影响人心理活动和行为的动力特点，是人稳定的心理特征之一，但人的心理和行为不是由气质决定的，而是由社会生活条件和个人生活状态决定的。气质同其他个性心理特征相比，不是一个人精神世界最本质的特征，而是具有从属意义，但由于它是构成人们各种个性品质的一个基础，因此必须给予充分重视。

二、性格差异与管理

（一）性格的概念

性格是指一个人在个体生活过程中所形成的，对客观现实稳固的态度及与之相适应的习惯化了的行为方式的综合。人的性格是受一定思想、意识、信仰、世界观影响和制约的，它是个性的重要心理特征，是区别个性的主要标志。性格可以反映人的行为方式，还可以从外在行为上表现出来。此外，性格还反映出一个人的动机和态度。因此，性格是行为方式和现实态度的统一体。人与人的差异，首先表现在性格上。

（二）性格的差异管理

心理学研究指出，人的性格差异是普遍存在的，它表现在性格特征的各个方面。

1. 性格的态度特征

性格的态度特征表现为对工作是勤恳或懒惰，认真或马虎，细致或粗心，进取创新或墨守成规等程度的不同。

2. 性格的意志特征

性格的意志特征表现为果断或犹豫不决，勇敢或怯弱，坚定性或动摇性，纪律性或散漫性，沉着冷静或鲁莽行事等差异。

3. 性格的表情特征

性格的表情特征自古就有"百人百性百脾气"之说，在喜怒上、在眼神上、在身段动作上、在言语上、在声音上，不同性格的人有不同的表现。

在企业管理工作中，各级管理者可根据性格的形成特点分析某一员工的某种性格特征，以此来预见他在某种情况下将要怎样行动，以便及时做出引导和控制。同时，还要注意培养员工的性格，积极创造条件，让员工的性格向着健康的方向发展。

西游团队中的四种性格

唐僧师徒的取经之旅，其实是一段心路历程。这个取经团队中的四个人，象征着四种性格特征。他们的取经之旅，就是这四种性格特征在团队合作中有趣互动的过程。

◆唐僧——完美型性格的象征：唐僧的兴趣在于探索人的心灵世界，追求至真至善至美，他代表着工作的高标准以及优秀的团队文化管理。典型的完美型性格着眼于长远的目标，他们有着异乎常人的天赋，因而表现出音乐、哲学、艺术等多方面的才华。他们识英雄、颂英雄、为感情挥泪。他们崇尚美德，孜孜不倦于探索人生的意义。他们乐于为自己选择的事业做好规划，并确保每个细节都能做到完美无瑕。但完美主义倾向使得他们对自己和别人的要求过分严格。由于对事物的缺点相当敏感，他们总没法快乐起来，容易受到伤害。他们感情内向，过分自责，甚至到了庸人自扰的地步。

◆孙悟空——力量型性格的杰出代表：他似乎永远充满活力，永远超越极限。他最崇尚目标和成功。这种人比其他性格的人更崇尚行动。他们通常是组织中的铁腕人物，目光所向，无坚不摧。他们在意工作结果，对过程和人的情感不大关心。他们喜欢控制一切，强硬地按照自己的意愿发出指令。他们显得那么霸道、粗鲁和冷酷无情。

◆猪八戒——活泼型性格的象征：活泼型的猪八戒崇尚乐趣。典型的活泼型性格情感外露，热情奔放。他们懂得如何从工作中寻找乐趣，然后在绘声绘色的描述中，再一次回味那些兴奋的细节。他们是滔滔不绝的故事大王，生活永远多姿多彩。但他们总是说得多，做得少。只要他们在场，永远是欢声笑语，可一旦遇到麻烦，他们就消失得无影无踪。他们是一群永远也长不大的孩子，好逸恶劳、不成熟、没有条理、缺乏责任心。

◆沙和尚——和平型性格的象征：当猪八戒在尖叫、孙悟空在攻击、唐僧在消沉的时候，只有沙和尚稳如磐石。这个情绪内敛、处世低调的乐天派，总是能够充满耐心地应对那些复杂多变的局面。和平型最令人欣赏的特点之一就是能在风暴中保持冷静。他们习惯于遵守既定的游戏规则，乐天知命，对生活没有很高的要求，容易安于起伏变化。他们是所有人的好朋友，他们的天赋造就了良好的人际关系。但他们似乎也总没主见、不愿负责、缺乏热情、不出众、得过且过，以致显得平庸。

三、能力差异与管理

（一）能力及其类型

能力是指能够直接影响人们在实践中的活动效率并能促使活动顺利完成的个性心理特征，通常是指个体从事一定的社会实践活动的本领。

在现实生活中，由于人们面对着不同的环境条件和要实现不同的目标任务，因此人们会采用不同的手段和方式，以显示其面对现实世界的各种能力。具体来讲，能力可以从以下几个方面进行不同的分类：

1. 按照能力的性质划分

按照能力的性质可以分为一般能力和特殊能力。一般能力是指人们应具有的基本能力，比如观察能力、分辨能力、记忆能力、注意力、想象力等。特殊能力是指在某种专业领域活动中表现出来的能力，如平衡能力、音乐能力、绘画能力、写作能力、侦察能力等。特殊能力是在一般能力的基础上展示和发挥的行为表现。

2. 按照能力的创造性程度划分

按照能力的创造性程度可以分为再造性能力和创造性能力。再造性能力是根据别人的指导和积累的经验进行一系列活动的能力，比如幼儿牙牙学语的过程。创造性能力是指能够打破传统的思维定势产生新的构思并付诸实践的能力，是在再造性能力的基础上飞跃发展的。

（二）能力的差异管理

能力是个性特征的表现，反映在每个人身上有所差异，主要表现在以下几个方面：

1. 认识的差异

观察力、理解力、注意力、表达力等不同，如有人迟钝、有人敏捷。

2. 类型的差异

在能力的有机组合和表现上不同。如有的人想象丰富，感情细腻，观察入微，善于模仿，属于艺术型；有的人善于逻辑推理，分析概括，属于思维型。

3．水平的差异

对待同一活动所显示的能力不同。有少数人才华出众，能力非凡，创造力强，高人一筹；能力低下者是少数；大多数人处于一般能力水平。

4．年龄的差异

在能力发展上有早晚之分。有人大器晚成；有人天赋异禀，如古代与近代不乏各种特殊才能的"神童"。

人是企业的宝贵资源。人的能力有高低，类型有差别，发展也有早晚。因此，作为一个领导者或管理者，要了解人的能力，要量力用人，要着力开发人力资源。其基本要求是：

1．根据工作岗位要求选人

每个工作岗位对任职者都有一定的能力要求，既有岗位所要求的一般能力，又有岗位所要求的关键能力。这是择人、用人的标准，也是培训人员的方向。比如，有的工作要任职者有较强的思维能力，有的工作要求任职者有快速反应的能力，有的工作要求任职者有敏锐的洞察力，有的工作则要求任职者有某方面的特殊能力。

2．根据人的实际能力安排工作，做到人适其职、职得其人

执行某种性质的工作，只需要恰如其分的某种能力。人的能力高于工作能力要求，便形成浪费；低于工作能力要求，则不能保证完成和做好工作。这是因为能力过高的人，从事一项比较容易的工作往往会感到乏味，不能对该项工作维持兴趣，当然会影响工作效率。反之，如果一个水平偏低的人，去从事一件比较复杂或比较精细的工作任务，往往会感到力不从心，易产生焦虑心理、紧张心理。严重的还会感到群体压力，还可能出现心理异常，甚至出现事故。

经验证明，安排他人工作时，使人的能力水平略低于工作能力要求，有利于激励人的积极性。同时，人的能力是不断发展的，当一个人的能力水平超过了工作能力要求时，或者远远达不到能力要求时，就要适时调整。由此看来，一个好的旅游企业管理人员，并不在于谋求把能力最强的人聚集在自己周围，而在于合理地根据旅游企业的需要正确地确定所需要的能力结构，并在此基础上聚集与各部门需求相适应的人才。

3．建立合理的人才结构

一个工作群体内部的工作，必然对能力水平的要求不同；同时，不同能力水平所组成的工作群体，在一般情况下，有利于发挥每个人的能力，有利于形成合力。因此，领导者在组建一个工作群体时，不要搞"清一色"，要将不同能力的人才结合起来，形成一个金字塔型的人才结构。一般来说，一个好的人才金字塔，塔的坡度不能太陡，否则智力相差太大，下级难以理解上级意图和组织目标，容易产生误会、曲解，从而影响管理和沟通工作，妨碍效率的发挥。

4. 根据人们不同的智力水平，实施不同的教育

对于智力水平较高的员工，领导应尽量从理论层次给予教育，点到即可，留给他们更多的思考空间以进行创造性的发挥；对于智力水平一般的员工，领导应尽量用具体事例说话，不能急于求成，并适当鼓励员工接受挑战性的工作。

第二节　旅游企业员工心理保护和调适

一、旅游企业员工心理挫折及行为反应

（一）心理挫折的含义

心理挫折是指个人遇到无法克服的障碍或者干扰，不能实现其心理需求的目标时，而产生紧张、焦虑、不安等情绪的状态。

（二）心理挫折的行为反应

个体遭受挫折后必然会引起思想、行为上的相应反应。这里讲的反应主要是指消极反应，它有两种反应形式。

1. 直接反应

直接反应即发生挫折后立即的反应，主要表现在以下几个方面：

（1）攻击。个体遇到挫折后，引起愤怒情绪，常产生攻击行为。攻击行为可分为直接攻击和转向攻击两类。直接攻击是指直接攻击使其受挫的人或事物。而转向攻击是一种变相的攻击，有迁怒、无名烦恼和自我责备三种。

（2）退化。指个体遭受挫折后，采取幼稚的行为反应形式。如一位男员工受到批评时当众大哭，这就是成熟心理的退化现象。

（3）冷漠。个体对使其受挫的对象无法攻击且又无适当的替罪羊可以攻击时，便将其情绪压抑下去，从而表现出一种冷漠和无动于衷的态度。

（4）幻想。个体受挫后，陷入一种想象的境界中，以非现实的方式对待挫折或解决问题。比如，一位瘦小体弱的人，受到一位身强体壮者欺负后，便幻想在某时某地将身强体壮者教训了一顿，从而得到心理上的满足。

（5）固执。个体受挫后，以一成不变的方式进行反应，这种人往往缺乏机敏品质与随机应变的能力。

2. 间接反应

间接反应指受挫后长远的反应。这种反应不仅会给个体造成紧张、压抑、焦虑、

痛苦、郁闷，甚至还可能导致人的心理变态；也可能使群体人心涣散、士气低落，使群体内部纪律松弛、事故增多、效率下降，影响群体的健康发展。

（三）心理挫折的来源分析

1. 客观环境因素

（1）自然环境，如高噪声、低照明的工作环境，以及个人能力无法克服的自然因素的限制，如无法预料和抗拒的水灾、地震、人的衰老、疾病、死亡等。

（2）社会环境，包括所有个人在社会生活中所遭受到的政治、经济、法律、宗教、习惯等人为因素的限制。

2. 个人主观因素

（1）个人生理条件，指个人智力、能力、容貌、身材，以及生理上的缺陷、疾病等所带来的限制。

（2）动机的冲突，具体表现在：竞争与合作的冲突、理想与现实的冲突、满足欲望与抵制欲望的冲突。

3. 组织因素

（1）组织的管理方式。传统的组织理论多采用 X 理论，即主张用权威控制和惩罚的方法来管理员工，这样易形成组织目标与个人动机之间的严重冲突，员工受挫现象较为普遍。

（2）组织内的人际关系。组织内上级与员工之间的沟通关系，大部分是单轨方式，即员工没有机会向上级反映自己的意见，容易形成紧张的人际关系。

（3）工作性质。现代化的旅游企业过分强调分工精细，以致员工觉得工作单调、枯燥与重复，这是导致员工产生挫折的重要原因。

其他组织因素还有工作与休息时间安排不适当、强迫加班、偏低工资、不公平的晋级制度等，这些都会影响员工的情绪，引起员工的挫折感。

二、员工问题行为产生的原因

当员工的心理状态与健康标准相差甚远，心理问题得不到及时处理和排解时，就会产生存在问题的行为，即问题行为。从心理学角度可以把问题行为分为两大类：攻击性问题行为和退缩性问题行为。攻击性问题行为是外向的，有明显的破坏性，而退缩性问题行为是内向的，主要表现为消极冷漠和疏远。问题行为的存在不仅不利于员工工作积极性的正常发挥，而且对国家、企业和员工本人也会造成危害。因此，在旅游企业管理过程中，必须对此行为进行预防和矫正。要预防和矫正员工的问题行为，首先得全面具体地分析问题行为产生的原因。

1. 个人需要

心理学研究认为，人的一切行为（包括问题行为）都是以人的需要为基础的，都是为了满足人的某种需要。人的需要既可以用合理的、正当的方式来满足，也可以用不合理、不正当的方式来满足。例如，员工为了满足社会荣誉的需要而努力工作，积极地为企业和国家做贡献，这是合理的、正当的方式；相反，如果弄虚作假，骗取荣誉，那就是不合理、不正当的。问题行为之所以成为问题，并不是因为人不应该满足自己的需要，而是因为人不应该用不合理、不正当的方式来满足自己的需要。

员工有各种各样的需要，而当员工用他们的所作所为来满足这些需要的时候，必然存在如何处理个人利益、集体利益和国家利益关系的问题和如何处理个人眼前利益和长远利益关系的问题。问题行为的实质就在于，某些员工不能正确处理个人利益、集体利益和国家利益的关系，以及个人眼前利益和长远利益的关系。

2. 挫折

人的所作所为都是为了满足人的需要，但实际上人的所作所为并不一定能够满足人的需要，遭受挫折的情况会经常发生。挫折一经生成，会扰乱人的内心世界，破坏人的心理平衡，往往使人做出一些不理智的举动。这是造成问题行为的一个常见原因。

当一个人努力用正当的方式满足自己的需要而遭受挫折时，他可能转而采用不正当的方式来满足这种需要；也可能放弃或压抑这种需要，显出无动于衷的样子，以此来免除内心的痛苦，恢复由于遭受挫折而被打破的心理平衡。

挫折易使人产生愤怒、怨恨和不满，由此可能引起攻击性行为，也可能因为"敢怒不敢言"而引起退缩性行为。但必须指出，挫折虽然很容易引起问题行为，但并非必然引起问题行为。因为挫折可以使人"退化"，也可以使人"升华"。一个人如果能正确对待挫折，就能在对付挫折的过程中变得更加成熟和坚强。

三、员工心理保护及问题行为调适

为提高广大旅游企业员工的工作积极性，旅游企业管理工作者必须对员工的问题行为进行预防和矫正。从心理学角度来看，旅游企业管理工作者可以采用以下策略对员工的问题行为进行预防和矫正：

1. 全面关心，预防为主

根据对问题行为的心理分析，我们知道员工的问题行为是由于不能用合理正当的方式来满足自己的需要而产生的。那么，如果一个人能够用合理正当的方式来满足自己的需要，他就不会采用不合理、不正当的行为方式，从而也不会引发问题行为。因此，当企业的管理者在想方设法地帮助员工解决各种实际问题的时候，他实际上在做防问题行为于未然的预防工作。

根据对问题行为的心理分析，我们知道遭受挫折往往导致问题行为的发生。帮助员工正确对待各种挫折，就可以避免很多问题行为的发生。因此，当员工情绪低落时、与同事发生纠纷时、遇到困难时、逢年过节时、生病住院时、家庭出现矛盾时、办婚丧事时、发生天灾人祸时，企业管理者应及时给予员工关心和帮助，这是预防问题行为发生较为有效的措施。

2. 实事求是，全面分析

对待员工的问题行为不能简单化，这就好比治病不能只针对表现出来的症状开药，而必须弄清病理、查明原因一样，应该弄清楚造成员工问题行为的原因究竟是员工个人的原因，还是环境、管理者的问题。只要实事求是、全面地分析原因，在员工的心理上就会产生一种实在感、信服感，从而使员工的行为不越出理性支配的轨道。

3. 因势利导

俗话说："人往高处走，水往低处流。"往低处流，这是水的"势"；往高处走，这是人的"势"。治水要因势利导，做人的工作也要因势利导。

在日常生活和工作中，人的心理活动和行为虽然千变万化，但也像水的流动一样，有其固有的趋势。比如说，人要追求满足、合理以及满足与合理的统一。当遭受挫折时，人的内心就会产生压力。如果压力过大，又长时间不能排除，就会损害人的身心健康，使人在心理上、生理上和行为上出现种种失常现象。因此，管理者在处理员工问题行为时，就要顺着员工的心理活动和行为发展变化固有的趋势，即顺应人对合理满足的追求。

4. 正确运用惩罚

对于问题行为的预防和矫正，惩罚是一种必要的手段。但在对员工的问题行为进行矫正时，管理者应当把惩罚当作预防问题行为的手段来使用，而不是当作矫正问题行为的手段来使用。因为运用惩罚的主要目的是让员工为了避免惩罚而不犯错误，而不是让员工在犯了错误以后去体验受惩罚的痛苦。另外，无论把惩罚作为预防问题行为的手段，还是作为矫正问题行为的手段，都不是单独使用就能奏效的，惩罚只能起到辅助作用。

5. 讲究批评的艺术

批评要注意场合

某饭店为迎合市场需求，特别引进了美国最新的全套保龄球设备，成为其所在城市规模最大的保龄球馆。在保龄球馆开张之际，饭店专门邀请了副市长来主持开张仪式，以提升宣传力度和效果。开张当天，锣鼓喧天，热闹非凡。服务员逐个上茶水，完毕后转身欲走。突然，经理发现，所有客人的茶都上了，唯独漏掉了在场的最高领导——副市长。经理脸色陡变，当场上前大声训斥该服务员："你怎么搞的，魂到哪里去了！平时是怎么培训你的，你是不是不想干了？"经理怒气冲冲，场面顿时变得很尴尬。服务员被训得一时不知所措，惊悸之季，才想起应该帮副市长补上茶，忙走到副市长跟前。副市长起先并没注意自己的茶是否上了，经这一折腾，他才明白了，便马上打圆场："没关系，没关系。"

【分析】

经理的这种做法至少有两点是错误的：其一，把服务员的漏洞一览无遗地暴露在客人面前；其二，给挨训斥的服务员心中留下了离心的隐患，该服务员如果度量小，会记恨她的上司，反而不利于服务团队的和睦相处。

从管理角度分析，在对这件事情的处理上需要有领导的艺术。经理完全可以事后引导或者与服务员进行个别谈话，应迅速在无人处和善地指出她的不足，或默默帮服务员弥补这一服务缺陷。让她在服务中不断锻炼自己察言观色的能力，提高服务的水平，这才是培养优秀服务人员的正确途径。

企业的管理者批评犯了错误的员工，目的是让有问题行为的员工解决问题，纠正行为，为企业多做工作，为国家多做贡献。因此，为了使批评得到预期的效果，管理者应研究批评的艺术。批评的艺术有以下几个要点：

（1）批评要把握时机。员工有了错误，及时找他谈，他会认为这是提醒他、帮助他。拖的时间长了，自己不大好开口，被批评的人也会认为这是故意翻老账。

（2）一般应当就事论事，不要新账老账一起算。如果把对方的缺点错误集中起来数落他，就会把对方描绘成一个一无是处的人，使有问题行为的员工很难接受。

（3）尽可能通过个别谈话提出批评，不要轻易在大庭广众之下批评一个人。须知"人有脸，树有皮"，一个在个别谈话中能承认错误的人，在大庭广众之下很可能为了维护自己的面子而拒不承认。

（4）批评谁就说谁的事，不要拿当事人和别人比。俗话说"人比人，气死人"。在批评一个人的时候拿他和别人比，效果往往不好。

（5）批评人要开诚布公。开场白太多，绕的弯子太大，反而易使人怀疑你别有用心。

（6）要注意控制自己的姿势和表情。对员工要语重心长，最好不要疾言厉色，否则使人难以接受。

（7）不要以为批评人就是"我听你说"，要让被批评的人说话，甚至要鼓励他说话，并且还要耐心地倾听，不要急于做出反应，否则易增加对立情绪。

（8）一旦发现对方在考虑批评意见，就应当适可而止，不要指望一下子就把人的思想给扭转过来，要给他一段时间，让他自己去思考。

（9）不要斤斤计较对方气头上的话。人在气头上时思想易偏激，难免会一时糊涂说一些过头的话。管理者应把注意力集中在实质性问题上，绝不要听一两句不好听的话就沉不住气，反唇相讥，以致离题万里。这样不仅达不到预期的目的，而且有失身份，有损形象。

总之，员工问题行为的预防和矫正工作涉及诸多心理学问题，但最重要的还是企业管理者对有问题行为员工的理解和尊重。正如一位教育评论家在谈到如何对待失足青年时所说的："拙劣者是雷霆后的厌弃，平庸者是规劝后的叹息，无聊者是讥讽后的斜眼，高明者是善诱后的尊重。"

◇ 本章小结

本章通过对员工个体心理差异的分析，如气质差异、性格差异、能力差异，提出相应具体的管理措施。通过分析旅游企业员工心理挫折的原因及员工问题行为产生的实质，提出了有效预防和矫正问题行为的措施，这里重点要学会如何运用激励机制，调动员工的工作积极性，使其获得自我实现，并且积极地引导他们热爱企业、实现企业的持续发展。

◇ 核心概念和观点

气质差异；性格差异；能力差异；问题行为；激励机制。

★心理学研究指出，个体差异主要是指人与人之间在个体心理特征上的差别。它主要表现为气质、性格、能力等方面的差异。

★了解心理挫折产生的原因有客观环境因素、个体主观因素和组织因素三类，以及相应的心理防卫机制。

★挫折是人群中一种常见的心理现象。挫折产生的原因有内部因素和外部因素两个方面。个人遭受挫折以后有直接和间接两种反应方式。领导者要根据员工的不同素质，改变自身的做法，采取积极手段帮助员工战胜挫折。研究管理心理的最终目的是寻求调动员工积极性的方法。

◇ 思考题

1. 员工个体心理差异有哪几种，具体的管理措施有哪些？
2. 员工问题行为产生的原因及实质是什么？
3. 如何采取有效的措施干预员工的行为？

第十章 领导与管理激励

【学习目标】

通过本章的学习，掌握什么是领导及领导风格理论，了解员工心理问题对旅游企业的影响大小，熟悉员工激励机制的作用及影响，认识到团队士气在旅游企业中的重要性和必要性。懂得利用本章所学知识，针对员工心理的不同，进行逐一分析。了解领导者如何在不同的情景下，对不同的员工做出不同的激励。了解领导风格与员工心理之间的关系及矛盾，达到能够熟练运用本章知识阐述和分析这些理论知识问题的水平。

员工与管理者就像是一对天生的"冤家"。大多数人在工作的时候，都抱怨过上司忽视自己的意见，用指挥、命令的方式来行使领导的权力，甚至只会无情地批评与训斥下属。与此同时，管理者对下属也常常感到不满意，认为员工不遵守制度、不服从管理、偷懒，生产技能不够、效率低下等。领导者与员工似乎处在矛盾的对立面，永远无法调和。而在一个旅游企业中，如果领导者不能做到与员工很好地协调相处的话，那么必定会影响到企业的服务质量，最终影响到经济收益。

本章针对此矛盾，分析原因并提出解决的办法，以此帮助各企业最终实现领导与员工和谐相处的局面。

第一节 领导行为与员工心理

一、领导行为研究

（一）领导概述

领导，即指率领、引导、指挥、统御。领导实际上是一种社会关系，体现了社会组织中权力主体（领导者）与权力客体（被领导者）的相互关系。

1. 领导的含义

领导的含义有很多种，我们通常认为的是以行为和影响力启发群众的责任心与荣誉感，引导和带领下级在一定条件下，使其为共同理想的实现而努力的行为。其性质为交互刺激反应的历程，本质是人际关系中所产生的影响，强调程序与功能，较不重视所占位置、角色与价值。

2. 领导的功能及其构成部分

领导一般由以下三个方面的功能组成，分别为组织功能、激励功能、控制功能。

（1）组织功能。

组织功能是指领导者为实现组织目标，合理地配置组织中的人力、物力、财力等分散的要素构成一个有机整体的功能。组织功能是领导的首要功能，没有领导者的组织，那么组织中的人力、物力、财力等都只可能是独立分散的因素，难以形成有效的生产力。只有通过领导者的组织活动，将人力、物力、财力等要素进行合理配置，才能实现组织的最终目标。

（2）激励功能。

激励功能是指领导者在领导过程中，通过激励的方法调动员工的积极性，使之能积极努力地实现组织目标的功能。实现组织的目标是领导的基本任务，但是完成这一任务不能只靠领导者一个人动手。他应该在组织的基础上，通过激励功能的作用，将全体员工的积极性调动起来，共同努力去完成。所谓"众人拾柴火焰高"，领导者的激励功能就是通过一定的措施和方法来使众人都积极、有效地完成任务。

（3）控制功能。

控制功能是指在领导过程中，领导者对于员工以及整个组织活动的驾驭和支配的功能。在实现组织目标的过程中，"偏差"是不可避免的。这种偏差的发生可能源自不可预见的外部因素的影响，也可能源自内部不合理的组织结构、规章制度、不合格的管理人员的影响。纠正偏差，消除偏差的各种因素是领导的基本功能。

（二）领导者在企业中的影响力

1. 如何有效地管理企业

一个领导者该如何做好管理工作，并进一步让自己的管理水平越发优秀和出色？这是每一位领导者都会认真思考的问题。在旅游企业里，除了管理思维、管理方法以外，最主要的在于如何针对员工的心理需求适时做出调整和变化，以满足员工的需要，激励和促使他们为组织或企业献出最大的热情，如图10-1。

（1）决策。

决策有三种类型：日常型、危机型、复杂型。对于不同类型的决策员工参与的程度应有所不同。

（2）授权。

领导者的职责是要成为员工的领头羊。只要有基本的规章制度，就不必时刻担心员工该做些什么。正如林肯总统所说："你不可能永远代替别人做他会做也应自己做的事。"

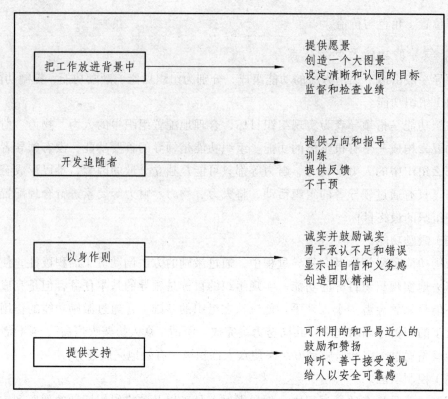

把工作放进背景中 → 提供愿景
创造一个大图景
设定清晰和认同的目标
监督和检查业绩

开发追随者 → 提供方向和指导
训练
提供反馈
不干预

以身作则 → 诚实并鼓励诚实
勇于承认不足和错误
显示出自信和义务感
创造团队精神

提供支持 → 可利用的和平易近人的
鼓励和赞扬
聆听、善于接受意见
给人以安全可靠感

图 10-1　有效领导者的活动行为

（3）激励。

责任是强有力的激励武器，赋予责任也是对员工个人才能和竞争力的承认。给予员工专业发展和提高的机会，会使他们倍受鼓舞。提供广泛的发展机会，说明你将员工的自我进步放在心上，也说明公司对此十分支持和重视。

（4）影响。

理想的领导者应该是出色的感化专家，擅长赢得人心，能够不通过摆老板架子而达到影响他人行为的效果。

2. 领导者的决策方式

并非每个人都是出色的领导者，不同的领导者有不同的领导方式。世界上的员工心理素质千千万万，使用千篇一律的管理方式显然是不合适的。如何做出一个最优的决策，取决于问题的性质和员工的素质。

员工参与决策的水平有五种，详见表 10-1：① 决定，指领导者独自做出决策，不管下属是否提供信息；② 个体咨询，指征求个别群体成员的意见和建议，然后领导者做出决策，不管决策是否反映下属的意见，③ 群体咨询，指和群体所有成员通过会议讨论问题，获得他们的意见和建议，然后领导者做出决策，不管决策是否反映下属的意见；④ 促进，指和所有群体成员一起解决问题，鼓励大家多提方案，控制与协调讨论过程，最后达成一致意见；⑤ 授权，指把问题交给群体解决。

表 10-1　员工参与决策的矩阵

问题状态	决策重要性	承诺重要性	领导者专长	承诺可能性	群体支持	群体专长	团体帮助	决 定
问题状态	高	高	高	高	高			
			低	低	高	高	高	授权
							低	群体咨询
						低		
					低			
				高	高	高	高	促进
							低	个体咨询
						低		
					低			
				低	高	高	高	促进
							低	群体咨询
						低		
					低			
		低	高					决定
			低		高	高	高	促进
							低	个体咨询
						低		
					低			
	低	高			高			决定
					低	高		授权
						低		促进
		低						决定

3．管理者如何处理及协调人际关系

精明的领导者都明白协调好人际关系的重要性，尤其是旅游企业，其服务的特殊性使得学会与人沟通与协调尤为重要。而在疏通协调与上级、同级和下级之间的人际关系时，主要要在以下四个环节上下好功夫，做好文章。

（1）尊重。

无论是和上级、同级还是下级接触，都必须尊重对方，这是取得对方帮助和支持的前提。这种尊重，不应该用语言来"表白"，而应该用实际行动来"显示"。唯有这样，才能打消对方的疑虑，使对方深受感动。当然，尊重上级，随之而来的就是"服从"；尊重同级，集中表现为"合作"；尊重下级，更多地需要"肯定"和"支持"。

（2）了解。

友好相处，亲密合作，必须建立在充分了解的基础上。所谓了解，就是应该尽可能全面地了解上级、同级和下级的长处和短处，并在工作接触中，尽可能使对方展其所长、避其所短，这是使对方避免感到为难，并能更加有效地给予帮助和支持的重要一环。

（3）给予。

上级最希望下属圆满地完成自己交办的一切任务，尽力为公司争光；同级最希望互相之间建立起一种携手并进的融洽关系，在这种氛围下进行良性竞争；下属最希望获得的当然是上级的信任。只要你给予对方最希望获得的，你就能赢得对方的心。

（4）索取。

索取对方能够给予的，愿意给予的。在从事创造性领导活动时，每个领导者当然都希望获得对方的支持。

领导艺术：怀柔与强悍之辩
——万丽泰达酒店及会议中心人力资源部经理访谈录

从个人经历来讲，两种类型的领导上司都遇见过。通过比较和观察，我觉得在很多时候，如果管理者对下属员工过于强硬的话，员工会感受到很大的压力。在紧张压抑的状态下，员工的工作效率往往会大打折扣。同时，事事都严格按上级要求的去做，也会抑制员工的创造力和潜能。所以，我更倾向于怀柔的管理风格。

其实，我本人也有一个从强硬派到怀柔派的转变过程。几年前刚做管理的时候，因为年轻，所以总有一种"怕管不住人"的心态，所以决定要"凶"一些。但经过了这么多年的实践体会，现在比较偏向于怀柔风格。当然，所谓怀柔并不是一味地柔和到底，这里面是有条件和限度的，即对管理对象怀柔的同时他们也必须达到我的要求。

有时候，我也会考虑是否有必要在管理方面偶尔变得强势一些，但我还是觉得这样的效果不会很好。如果你要求员工完全服从你的指令去行事，他可能会去照做，但他的心里就不一定会舒服，而最终的结果和效果也可能是差强人意。

我觉得管理者可以柔和一些，但做事必须有章可循、保证公平，不能让员工认为你只是为了维持一种关系上的和谐而不会坚持原则。员工偶尔会迟到，你可以去宽容他，但如果他经常性迟到，那你就必须严格按照企业的制度处理他，并通过处理结果向所有员工传递一个信息：大家不要去试探和挑战管理者的底线，不要认为宽松的环境下就可以抛弃规章制度。

但并不是所有的事情都有章可循，出现这样的情况时，依靠领导者的个人魅力以及对下属员工的影响力可能会更加有效。作为一个领导应该通过自己平常的行为、做事方法去影响员工，当然这需要管理者平时就去做铺垫，比如管理者应该更多去了解员工的性格和处事方式，多倾听他们的声音和感受。因为管理的目的是要员工达成工作目标，提升绩效，本着这个方向帮助员工解决问题才是最重要的。

比较重要的一点是，管理者要学会借助管理工具来控制员工。前面我说管理者在对员工怀柔的同时也要对他们有所要求，那么这些要求则是通过例如绩效考核体系等管理系统来保证的。比如，员工在没有完成预期的工作目标时，你可以用考核的杠杆给他施加一定的压力，让他有紧迫感，形成"外松内紧"的管理氛围。提高"凶狠指数"，把握原则是基础。

二、员工心理分析

健康是人类的基本需求之一，是每个人都渴望的。作为一个企业员工，特别是从事旅游业的工作人员，保持良好的身心状态十分重要。可以想象一个心理不健康的员工会给客人提供怎样的服务。所以了解心理健康标准，及时解决心理问题，掌握造成心理问题的原因和心理防卫机制是非常有必要的。

（一）心理健康标准

人的心理健康与否的标准是相对的。判断一个人的心理是否健康，判断一种行为是不是健康心理的表现，必须考虑这个人所处的时代、文化背景以及年纪、情景等多方面的因素。

基于这些问题的考虑，心理学家们认为，同等条件下大多数人的心理和行为的一般模式是社会常规。从而，具有这种心理活动、情绪或行为的人心理就是健康的。与此相比，若一种心理活动、情绪或是行为只有少数人具有，那我们可以认为这些人偏离了常规，他们的个性与众不同。但是这种与众不同的行为并不能称之为心理不健康。为此，心理学家们制订了判定人们心理健康与否的标准，以此来判断一个人的心理和行为是否正常，详见表 10-2。

表 10-2　心理健康的标准

概念范畴	标准说明
对自身的态度	有自我意识地对自身进行适当的探索 自我概念的现实性 接受自我，能现实地评价自己的长处和短处 心理认同感觉的明确性和稳定性
成长、发展或自我实现的方式及程度	实现自己各种能力及才干的动机水平 实现各种较高目标（如关心他人、工作、理想、兴趣）的程度
主要心理机能的整合程度	各种心理能量的适宜的动态平衡（如本我、自我、超我） 有完整的生活哲学 在应激条件下能坚持并具有忍耐能力和应付焦虑的能力

概念范畴	标准说明
自主性或对于各种社会影响的独立性	遵从自身的内部标准，行为有一定之规 行为独立的程度
对现实知觉的适应性	没有错误的知觉，对于所预期及所见的事物重视其实际证据 对于他人的内心活动有敏锐的观察力
对环境的控制能力	具有爱的能力并建立令人满意的人际关系 有足够的爱、工作和娱乐 人际关系适宜 能够适应环境的要求 具有适应和调节自身的能力 能有效地解决问题

（二）旅游企业员工心理健康标准

参照上述心理健康的一般标准，结合旅游企业员工的心理特征以及特定的社会角色，认为员工心理健康的标准可以概括如下。

正确认识自己，接纳自己：一个心理健康的员工，应能够体验到自己存在的价值，既能了解自己又能接受自己，对自己的能力、性格和特点能做出恰当、客观的评价，并努力发展自身的技能。

能较好地适应现实环境：心理健康的人能够面对现实、接受现实，并能主动地适应现实、改造现实；对周围事物和环境能做出客观认识和评价，并能与现实环境保持良好的接触；对生活、工作中的各种困难和挑战都能妥善处理。

和谐的人际关系：心理健康的员工乐于与人交往，能够认可别人存在的重要性和作用。在与人相处的时候，积极的态度总是多余消极的态度，因此在工作和生活中总是有较强的适应能力和较充分的安全感。

合理的行为：心理健康的员工，其行为应该是合情合理的。比如：行为方式与年龄特征一致；行为符合当时的社会角色等。

三、员工心理调节

（一）旅游企业对员工的保护

1. 旅游企业观念的转变

观念转变是旅游企业应对压力和心理问题的第一关。要站在组织层面上来理解员工的心理和个人问题，要充分认识到这些问题对企业的影响，把员工的心理和个人问题当成是企业本身的问题，看成是企业管理的必要组成部分。

加大培训投资，实行情感管理。其核心是激发员工的积极性，消除其消极情绪。管理者应尊重员工，加强沟通，对员工宽容、仁慈，尽量满足员工的合理需求，使员工感到企业对其的关心与重视，使其轻松愉快、全心全意地为企业、为自己工作。

要加强企业环境建设。通过改善工作的"硬环境"（如改善工作条件）和"软环境"（如组织结构改革、团队建设、领导力培训、员工职业生涯规划等），努力改善员工的工作环境和工作条件，给员工提供一个健康、舒适、团结、向上的工作环境，丰富员工的工作内容，指明员工的发展方向，消除外部环境因素对员工职业心理健康的不良影响。

2. 旅游企业员工帮助计划

员工帮助计划（EAP，Employee Assistant Program）是解决员工心理问题最有效、最全面的方法。EAP 是一个企业压力和心理问题的全面解决方案，它围绕职业心理健康，由专业的心理服务公司设计，提供包括企业心理问题的调查研究、组织管理改进建议、宣传教育、心理培训、心理咨询等各方面的服务。EAP 在促进员工心理健康、降低管理成本、提升组织文化、提高企业绩效等方面作用显著。一项研究表明，企业为 EAP 投入 1 美元，就可为企业节省 5~16 美元运营成本。财富 500 强企业中，80%以上的企业为员工提供了 EAP 服务，大多数国际酒店集团均为其员工提供了 EAP 服务。

万豪酒店的职业发展讨论

面对酒店行业竞争激烈的商业现实，万豪酒店经理知道他们不能采取家长制作风的方法来进行职业管理。在管理他们自己的职业和其员工的职业时给管理者和监督者提供帮助——万豪酒店已经发展了一个被称之为"职业管理中的伙伴"的职业讨论。这个职业讨论建立在一个包含四个层次模型的基础之上，以便帮助管理者将问题集中在以下几个方面：

1. 我是谁？这个计划帮助员工识别他们各自的技能、价值观和兴趣。

2. 别人如何看待我？这个计划提供反馈来帮助员工了解别人是如何看待他们的贡献的。

3. 我的职业目标是什么？这个工作册帮助员工建立一系列现实的职业目标。

4. 如何实现我的职业目标？这个工作册有助于个人发展这些执行计划，其主要集中于对能实现其目标的能力和经验进行平衡。

通过培训管理者来帮助公司员工了解职业机会和资源，万豪酒店正在转移职业管理的责任，使之远离公司，并朝员工的方向移动。在万豪酒店公司，员工应该对以下问题负责：

1. 评价他们自己的技能、价值观、兴趣和发展的需要。

2. 决定长期和短期的职业目标。

3. 和他们的管理者一起创建职业发展计划并实现其目标。

4. 遵循其计划。

5. 学会有关的职业管理资源，诸如即时的工作置入系统。

6. 在一个常规的基础上与管理者一起讨论职业发展。

7. 认识到职业讨论并未暗含承诺或担保。

8. 认识到他们的发展直接取决于万豪酒店组织的需要和机会，以及他们自己的业绩。

（二）旅游企业员工的自我调节

有这样一个笑话，一个人由于有吸吮手指的毛病，他去看心理医生。经过一段时间的治疗后，这个人对治疗效果很满意，并把这件事讲给一位朋友听。那位朋友说："那么，你不再吮你的手指了？"他回答说："噢，不，我还是像以前吮得那么厉害，但是我现在知道为什么吮了。"

在工作中，旅游企业员工面临同样的问题，即知道自己有一些心理问题，也知道这些心理问题所带来的危害，但是却苦于找不到调节的办法。俗话说解铃还须系铃人，解决心理问题，关键还是从自我调节开始。

1. 正视心理问题

一般员工对心理疾病认识不够，不是过分恐慌，就是讳莫如深。其实，从心理健康的观点看，心理疾病是可以治疗的；心理疾病是可以预防的；心理疾病并非可耻的病。因此，我们应用正确的心态面对心理问题。

2. 采用正当的心理防卫机制

在现实生活中，人们为了摆脱由于各种内外因素所引起的焦虑情绪的折磨，必须对外部世界和内心世界中所发生的有自我介入的一切事件，用自己独有的方式做出自己能够接受的解释，以减少内心的不安，逃避对自我的否定，以保持情绪的平衡，这就是心理防卫，主要有以下几种形式：

（1）压抑作用。

压抑作用也称为动机性遗忘。每个人都可能体验过足以让自己无地自容的欲望和冲动，我们的意识可能会不堪忍受其所带来的焦虑、困扰和痛苦。这时，心理防卫机制就会发生作用，将这些不能忍受的经历、欲望或动机压抑到无意识中去。例如，一名员工遇到傲慢或者嘲弄型的客人，受了一肚子的"窝囊气"，依着自己的性子，他真想把客人"教训"一番，但是又怕因此而挨批评、受处分，只好忍着，这就是压抑。

（2）合理化作用。

合理化作用也叫文饰作用。当人们的行为或动机的结果不符合社会公认的价值标准，或是自己的意愿、目的不能实现时，为了减轻焦虑情绪，人们会寻找一个"合理的"解释。比如，伊索寓言中，狐狸吃不到葡萄而说葡萄是酸的这个故事，就是典型的合理化作用。

（3）补偿作用。

当一个人由于某些方面的不足，如形象不佳或者身体残疾时，为了弥补这些不足所带来的自我价值的缺失，他会在其他方面加倍努力，以求得心理上的平衡。比如，眼睛近视、体质弱而无法在运动场上驰骋的学生，常常在学习上十分刻苦。

（4）升华作用。

日常生活中常有这样的现象：将许多社会不允许的欲望或动机以社会允许的方式表现出来，这样不但可以受到社会的欢迎，自己的良心也可以得到慰藉。这种既释放了心理能量又不用担心受到责罚的心理防卫机制，就是升华作用。有人认为，由压抑导致升华，是许多伟大的文学、艺术作品产生的直接原因。

（5）投射作用。

投射作用指人们无意识地将一些自己不期望的动机、态度和个性特点投射到别人身上，使自己觉得别人具有这些而非自己独有，由此来消减自我价值被否定的恐惧，以维持自己的心理平衡。

日常生活中所说的"以小人之心，度君子之腹"，就是典型的投射作用。

（6）反向作用。

反向作用指人们为了避免与社会期望不相符合的动机所带来的焦虑情绪，做出与这种动机相反并与社会期望相符合的行为。这样，一方面可以掩盖自己原有的动机，消减由此产生的焦虑；另一方面，以此压抑原有动机。

3．建立和谐的人际关系

美国一所大学在研究诸多成功管理案例时发现，在一个人的智慧中，专门技术经验只占成功因素的15%，而85%取决于有效的人际沟通。有效的人际沟通是释放和缓解压力、增强自信心、营造良好的人际关系、提高团队凝聚力的一条重要途径。和谐的人际关系可带来愉快的情绪，产生安全感、舒适感和满足感，可以减少孤独感、恐惧感和心理上的痛苦，并能宣泄不快情绪，从而减少心理压力。在当今企业，人际关系比以往任何时候都重要。人际关系主要有以下几个方面，一是与客户的关系，二是同事之间的关系，三是上下级之间的关系。

良好的沟通创造一流的工作环境

北京天伦王朝饭店人事培训部提出了"用一线员工对客人服务的标准为饭店员工提供服务"，即使遇到员工误解和不理解时也能以对宾客服务的宽容态度对待。饭店在实施内部对客服务承诺制的活动中，人事培训部率先提出"一步到位服务"承诺，即："员工来到人事培训部，任何一位主管都会马上放下手中的工作，热情接待员工，保证做到可以立即解决的事情，5分钟内就能得到解决。"人事部下设的各后勤保障部门也都向全体员工做出了相应的承诺："在员工区域内员工看到的一定是清洁明亮的环境，员工感受到的一定是温馨舒适的服务，员工吃到的一定是卫生可口的饭菜"。

【分析】

国际假日集团的创始人，凯蒙·威尔逊先生曾经说过：没有满意的员工，就没有满意的顾客；没有令员工满意的工作环境，就不可能有能够真正令顾客满意的享受环境。

就饭店人力资源的开发而言，员工是饭店的第一位客人，是饭店服务的实施者，只有让自己的员工得到满意的服务，感受到温馨和舒适，员工才能够全身心地向客人提供满意的服务。

员工在饭店内的经历和感受直接会影响到他们对客服务的质量。饭店要想为顾客提供可靠、优质的服务，就必须将员工放在第一位，充分考虑员工的需要。

第二节　领导风格与情景权变

一、领导风格的分类与决定因素

（一）领导风格的定义

领导风格是指在各种领导场合里，激励领导个人行为的基本需求结构。因此，领导者的领导风格，也就是指在不同的领导场合，领导者的目标或需求的一致性（假定领导风格是难以改变的）。

（二）领导风格分类理论

根据领导风格表现形式的不同，可分为以下几种类型（表10-3）。

表10-3　领导风格的不同表现形式

领导风格类型	表现形式
集权型	主管全局，立场鲜明，具有领导威信，行事果断
授权型	赋予员工权力，接受意见，关心员工需求，共享荣耀
战略型	设定长期方向，事物考虑周全，善于寻求发展变化
实务操作型	注重短期成效，了解员工工作进程及战略实施情况

（1）集权型的领导风格是基于领导者自身才智与能力之上的，这类领导人主管全局、立场鲜明、具有领导威信、行事果断，对下属的期望很高并让他们担负责任，对问题喜欢寻根究底。

（2）授权型的领导风格意味着给其他人创造主宰自我的环境——赋予他们权力，接受他们的意见，关心他们的需求，和他们共享荣耀，等等。

（3）战略型领导风格的领导人致力于为企业设定长期方向，对组织的事务想得全面，寻求发展企业的各种路子，将员工团结在统一的愿景与战略之下。

（4）实务操作型的领导人关注的是短期成效，他们亲自参与到操作过程中，对战略的实施情况十分清楚，并通过各种流程了解员工的工作情况。

（三）领导风格的决定因素理论

现实中的领导风格各种各样，上文也不过是列举了个大概。要了解领导风格，最重要的是了解领导风格是如何形成的，哪些因素在领导风格的形成中起首要作用。

1. 菲德勒的情景决定论

菲德勒认为，管理风格由情境决定，与领导者的个性关系不大。在情境因素中，最关键的因素是以下三个：

（1）职位权力。它指的是一个领导者所处职位的权力。职位高、权力大的领导者更容易博得下属的忠诚和追随。

（2）任务结构。它指的是对任务明确阐述的程度和下属对此负责的程度。任务明确，下属愿意对此负责，工作的业绩容易衡量，采取民主或是参与式的领导风格就有条件，否则就必须采取集权式的领导风格。

（3）领导者与被领导者之间的关系。如果领导者为被领导者追随和崇拜，被领导者有较高的忠诚，民主式领导便容易实行。

2. 科曼的生命周期变化理论

这个理论是由科曼首先提出的，保罗·赫塞与肯尼思·布兰查德在科曼的研究基础上又进一步发展。他们认为，领导风格是变化的，应该根据下属的心理成熟度和能力成熟度来决定。成熟度在这里被定义为：个体对自己的直接行为负责的能力和意愿。或者说是成就动机和承担责任的意愿、能力以及与工作有关的学识、经验。工作的成熟度与个人拥有的知识、能力和情景有关；心理成熟度是指一个人做某事的意愿和动机。这两个维度有高有低，因此构成四种组合。这四种组合的领导风格是不同的，具体见图10-2。

3. 坦南鲍姆的个性决定理论

大多数管理学家都认为，领导者的个性对于领导风格的形成不起作用。但是，坦南鲍姆认为，除了下属的能力、责任心、组织文化和价值观等情境因素以外，领导者的个性对领导风格的形成也起着重要的作用。

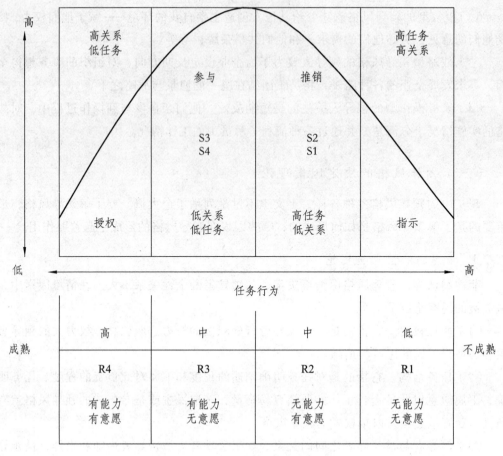

图 10-2 领导风格生命周期变化图

二、情景权变分析

(一)权变理论

权变,即随机应变之意。权变理论认为世界上根本不存在适用于一切组织、一切情况的管理的"最好方式""最佳模式"。管理的形式、方法必须根据组织的外部环境和内部条件的具体情况而灵活运用,并随着它们的变化而随机应变,这样才能取得较好的效果。领导品质和领导行为能否促进领导有效性,受环境因素的影响很大。一种成功的领导行为,在时移势易的环境下再来运用,并不一定有同样的功效。领导权变理论正是要着重研究影响领导者行为和领导有效性的环境因素的理论。

(二)领导方式的权变效应分析

任何一个领导者的领导方式不可能具有充分的弹性,每个领导者的特性是相对固定的,因此其领导方式也是相对缺乏弹性的,在这种情况下,根据情景选择领导方式就变成了根据情景选择领导人的问题了。菲德勒提出了"有效领导的权变模式"。他认为，任何领导方式不可能十全十美，也绝非一无是处，领导类型要与环境相适应。尤其是针对员工的变化做出相应的领导方式的变化。

1. 决策权力的倾斜与领导方式（图 10-3）

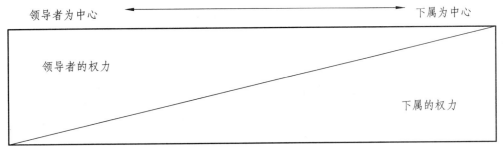

图 10-3　决策权力示意图

从决策权力的角度来看，决定领导方式的一个关键因素是下属的决策能力和独立决策的意愿。当下属有独立自主的要求，有对决策问题的兴趣和承担责任的意愿以及有足够的经验、知识和能力做出恰当的决策时，决策权力要向下属倾斜，这种能力和意愿越强，倾斜的程度也应越高，领导方式也应越靠近图 10-3 连续体的右端。

2. 下属成熟度与领导方式的对应

有效的领导行为应该把工作行为、关系行为和被领导者的成熟程度结合起来考虑。即领导者要根据下级的不同年龄，不同心理成熟程度，不同成就感、责任心和能力等条件，采取不同的领导行为。这就对领导者的能力提出了更高的要求，即领导者要成为一个好的诊断师，他必须重视询问和交流，敏锐觉察人们的各种心理差异，发掘下级的能力和动机，善于分别指导工作，弹性地改变自己的行为。在这里，下属的成熟度是决定领导方式的权变因素，领导者应该根据下属成熟度的不同，合理选择自己的领导方式。

下属成熟度是下属管理自己行为的意愿和能力，这种意愿和能力也要结合具体要执行的任务考虑，相对不同复杂性和不同责任、能力要求的任务，下级的相对成熟度就会不同。

下属对其活动自我管理的意愿表明其心理成熟度。心理成熟度高的人，有很强的工作责任心、强烈的自我成就愿望和对工作目标的献身精神。相反，心理成熟度低的人，工作责任心不强、没有取得成就的愿望、对工作目标心不在焉。

下属对其活动自我管理的能力表明其工作成熟度。工作成熟度高的人，有丰富的工作经验、有必要的具体工作知识、非常了解自己的工作要求。相反，工作成熟度低的人，没有什么工作经验、缺乏必要的具体工作知识、对自己的工作要求缺乏了解。

根据个人完成工作目标的意愿和能力，就可以把下属分为由低到高的四种不同的成熟程度的人。领导者则须据此采取相应的领导方式，即既要关心工作又要关心员工（表 10-4）。

表 10-4　有效领导者的行为方式

成熟 ◄─────────────────────────────────────► 不成熟

下属成熟度	高	中		低
	M4	M3	M2	M1
心理成熟度	愿意	不愿意	愿意	不愿意
工作成熟度	有能力	有能力	无能力	无能力
领导方式选择	授权	参与	说服	命令
	低关系 低工作	高关系 低工作	高关系 高工作	低关系 高工作

第三节　管理激励与团队士气

一、管理机制中激励的作用及必要性

正确、恰当地对员工的工作动机进行引导和激励，是绝大多数领导者的重要任务之一。如何才能使员工把组织的任务目标看成是自己的任务目标？如何使他们为实现这种目标而自觉努力工作？这都需要对员工的工作动机进行引导和激励。激励越来越被人们重视，成为不可缺少的用人之道。

（一）激励的定义

激励就是指管理者采用某种方法调动员工的积极性，以激发其为实现组织目标而努力工作的行为。员工积极性能否调动起来，是检验激励是否成功的标准。在组织内部，管理工作需要创造和维持一种良好的环境，这种环境能将员工的动机引向组织目标并完成目标。它含有激发动机、鼓励行为、产生动力的意义。

员工是企业实现目标的基本要素，因此企业要想取得成功，就应吸引优秀的员工，并留住员工，确保员工能够完成自己的工作并表现出对企业的忠诚和创造性。员工的绩效最终将影响到组织的绩效，而员工的绩效不仅取决于其能力，还取决于企业的激励机制。即：

$$绩效 = 能力 \times 激励$$

上述公式说明，一个人工作成绩的大小，取决于他的能力和动机激发程度，能力越强，或动机激发程度越高，工作成绩也越大。

（二）激励的类型

激励的类型是指针对不同的激励内容、对象、作用和产生原因而划分的不同激励类型，详见图 10-4。

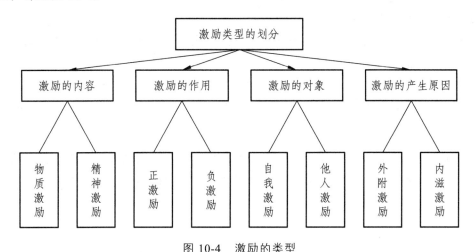

图 10-4　激励的类型

（三）激励的必要性

激励对人的行为有着显著的作用，美国哈佛大学威廉·詹姆斯教授对按时计酬工人进行调查发现，他们只用 20%～30%的力气就可以保住饭碗，但受到激励后能发挥出 80%～90%的能量。

有效的激励通过满足职工的正当需求，使他们产生努力的行为，从而提高工作绩效。当这种绩效受到奖励后，员工就产生了满足的感觉，进而在新的需要的基础上进入下一轮的激励。其必要性表现在：

（1）可以挖掘员工的内在潜力。

（2）可以吸引组织所需的人才，并保持组织人员的稳定性。

（3）可以鼓励先进，鞭策后进。

（4）可以使员工的个人目标与组织目标协调一致。

激励是行为的钥匙，又是行为的按钮，按动什么样的按钮，就会产生怎样的行为。因而每个人都需要自我激励，需要得到来自同事、团体、组织方面的激励和相互之间的激励。作为一个管理者，为了使团体或组织实现既定目标，就更加需要激励全体员工。

二、提高团队士气的必要性

（一）团队的定义及其基本特征

团队是组织与社会的基本组成部分，是组织管理工作的对象。组织是由团体构成的，团队是由个体构成的。个体、团队、组织是不可分割的统一体。团队介于组织与个体之间，建立一支生气勃勃、富有战斗力的团队，是企业管理者领导企业员工朝共同的目标奋进的重要内容，也是人事主管工作的重点所在。团队，又称群体或团体，是组织内的一群人,其成员相互依存,在心理上彼此意识到对方,在行为上相互作用,为达到某种目标而结合起来。

团队有以下几个基本特征:拥有共同目标;成员在行为上具有互补性;成员意识到彼此同属一群。

(二)团队士气的定义及其影响因素

1.团队士气的定义

团队士气是指团队在共同的目标指引下,积极协作、共同地努力工作,以期达成目标的一种精神状态,是团队成员的一种团队意识与集体态度。团队士气是企业管理效率高低的重要指标。

2.影响团队士气的因素

影响团队精神的因素大致有以下几个方面:

(1)领导者的精神状态及领导方式。一个企业的领导者具有奋发图强、开拓进取、无私奉献的精神状态,就能激发员工积极向上的意识与高昂情绪。领导者坚持原则、作风正派、联系群众,就能使团队士气上升,人际关系良好。

领导者采取民主的管理方式,坚持物质激励与精神激励并重的激励方法,充分发挥员工的聪明才智,就会增强员工对团队的认同感,增强团队的战斗力。

(2)工作的环境与条件。合理的作息时间安排,安全与舒适的工作环境,能使员工在工作期间保持愉快的心情,毫无身心疲劳之感,从而有助于团队战斗力的提高。反之,工作环境不安全,则会使员工提心吊胆。工作环境杂乱,易使员工烦躁与抑郁,就会影响员工的身心健康,挫伤员工工作的积极性。

(3)合理的经济报酬。这不仅是员工生理上与安全上的需要,而且在一定程度上反映了一个人对企业的贡献。工资待遇上应按劳取酬,奖金分配上应实行多劳多得,做到公平合理。企业的福利措施水平越高,越有助于解决员工的后顾之忧,能极大地调动员工的积极性。

(4)成员之间的心理相容和相互补位。这是影响团队士气的重要因素。团队成员情投意合,"心心相印",能使员工的工作积极性高涨,工作效率提高。反之,成员之间互相猜疑嫉妒,内讧不息,必然将瓦解员工士气,甚至能使团队瘫痪,以致解体。同时,从工作出发,相互协调、相互补充,形成一种协作精神,对于团队精神的形成也是不可缺少的。

(5)意见的沟通与参与。管理者对机构内的员工,能否给予充分的意见参与机会,以及上下级之间能否以意见沟通代替监督命令,对团队战斗力也会产生很大影响。员工参与管理,畅所欲言地发表自己的意见,能使员工的智慧、常识、经验获得充分的运用,对员工会产生鼓舞与激励作用,能增强其对团队的认同感,提高团队的战斗力。

(6)员工对工作的满意感。员工对工作是否满意,是否认为在机构内将有发展机会，这种心理感受也会影响团队战斗力的大小。一般来说，员工所从事的工作合乎他的兴趣，工作安排与他的能力相适应，员工在工作上必然会表现出优异的成绩，这样也会使员工心理上具有满足感和成就感，便能激发他的工作积极性与创造性，并会为达成组织的目标而努力。

（7）员工的身心健康。员工个人的体质，会直接影响其精神状态。体质的不同，会造成各人在精力、决断力及情绪上的差别，进而影响工作的持久性。员工健康状况、员工心理是否保持平衡，都会影响员工的工作效率，影响团队战斗力的发挥与提高。

（三）提高团队士气的重要性

团队士气是增强企业活力和内部团结的重要心理因素。一个企业能否有效地实现自己的目标，在很大程度上取决于群体成员的士气。一个企业想要取得效益最大化，必须实现有效的管理，而有效的管理必须依赖一个由富有热情和力量、努力为共同的目标而奋斗的人组成的战斗团体。散漫的组织、互相冲突对立的个体是无法具有合作精神的，也就不会有团队士气和战斗力，企业目标就更难以实现。富有战斗力的团队士气是与管理工作的高效率紧密联系的。管理者要想提高管理绩效，使管理工作更加符合企业全体员工的共同目标，建立和培养富有团队士气的员工队伍是一条必要途径。

旅游企业以服务为上的性质决定了其与一般的企业经营组织不同。旅游业在服务业中居于首要地位，这就决定了旅游服务质量的高低与旅游企业的经营成功与否成正比。因此，这个组织团队是否拥有高昂的士气是至关重要的，因为在服务过程中，员工是否具有良好的精神状态、是否具有饱满的工作热情都会影响到客人的满意程度，从而最终影响到旅游企业的发展。例如：如果一个旅行社资金充足、拥有很好的人力资源，并且也实施了科学有效的管理，但是员工有意见、与领导之间存在矛盾冲突，使得集体缺乏动力和前进的冲劲、团体士气不高。那么，员工在平时的工作中就没有表现出应有的工作态度和应有的服务水平，从而没有充分发挥旅行社应有的功能，导致旅行社没有取得好的经营效益。

三、如何在旅游企业中实现激励机制

怎样才能让企业立于不败之地？怎样才能使企业保持核心竞争力？这一直是企业管理者冥思苦想的问题。长期以来，大家都寄希望于工具、设备、技术和生产方式。实际上，人们都忽略了这样一个事实：工具由人发明、设备由人使用、技术由人开发、生产方式由人创造，一切的根源都是人。由此可见，企业的核心竞争优势其实是人。

一个企业想要取得成功，实现组织工作效率的大幅提高，就离不开员工的合作和团队的努力。高昂的团队战斗力是提高组织工作效率一个必要的、不可缺少的条件。因此，管理者应通过多种途径与方法提高团队的战斗力，即激励员工。

如何实现激励，如何在管理者与员工之间寻找到平衡点并实现组织间的绩效最大化呢？具体可以从以下几方面入手：

（一）让下属感到是在为自己工作

最有效的方法是让员工感到自己是在为自己工作。

1. 建立利益驱动模式

要解决长期激励的问题，必须建立一种利益驱动模式，使员工报酬与公司的经营状况相挂钩、相一致。长期激励最典型的方式是股权或是虚拟股权激励。员工最终得到的"奶酪"大小与他们所持有股份的多少以及企业最终利润的多少有很大的关系。员工持股，他们就成了企业的主人，工作起来就会更有动力。

2. 利润共享

在经营管理上，经营者如果能和受雇佣者利润共享，所产生的激励效果肯定大于员工们只拿固定的薪水。因为员工知道，企业最终的利润也有他们的一份，这关系到他们自己的切身利益，所以他们便增强了责任心，提高了工作的积极性。

3. 参与管理

参与管理是激励员工士气的另一个好办法，因为通过参与管理，可以让员工把企业当作自己的事业来看待。既然是看作自己的企业，当然会比一般人更用心了。一旦员工用心工作，效率自然会高起来。

（二）了解下属并激发其内在动力——让员工自己跑起来

充分了解自己的下属，找出他们真正需要的东西，用他们的需要去激励他们。内驱力是驱使员工努力工作的重要因素。内驱力来自员工的内需。

外驱力和内驱力是人的行为产生的两种原因。其中，内驱力是指建立在员工自信心基础上的一种自我达成的成功精神。内驱力立足于员工的自尊和自我实现等心理需求，使员工渴求不断地完善自己，将自身的潜能发挥出来。在这个过程中，员工热情主动地投入到工作中，甚至不计报酬地寻求创造性的解决方案。如果管理者可以满足员工的一种或几种需求，就可以激发出他们的内驱力。

企业的管理者要努力改善员工的工作环境，丰富员工的文化活动，增进员工的身心健康。要建立良好的内部沟通渠道，努力消除管理人员对员工、员工对管理人员以及员工之间的不满与隔阂，保持员工的心理平衡，减少员工的心理挫折。

（三）给员工搭建发展的平台

企业管理者可适当授权给员工，营造融洽的氛围，为员工搭建自由发展的平台；赋予每个员工最好的发展机会。

管理者只有把应该授出的权力授予员工，员工才会愿意为工作负责，才会有把工作做好的动机。管理者应该把授权工作做好，使其成为解放自我、管理员工的法宝。

（四）激励要因人而异

激励要因人而异，对于不同的人进行不同的激励，这样激励才能真正发挥作用。

（1）对不同类型的员工进行不同的激励。

一般而言，企业内的员工可以分为指挥型、关系型、智力型和工兵型。针对不同类型的员工，领导者应该分析其类型特点，采取不同的激励技巧，这样才能取得好的激励效果。

（2）为员工安排的职务必须与其性格相匹配。

每个人都有性格特质。比如，有的人安静被动，另一些人则进取而活跃；一些人相信自己能主宰环境，而有些人则认为自己成功与否主要取决于环境；一些人乐于挑战风险，而另外一些人倾向于规避风险。如前文所述，员工的性格不同，其从事的职业也应有所不同，与员工个性相匹配的工作才能让员工感到满意、舒适。例如，喜欢稳定、程序化工作的员工适合会计、出纳等工作，而充满自信、进取心强的员工则适合公关销售、项目经理等职务。如果让员工从事与个性不匹配的工作，工作绩效是可想而知。

（3）针对不同的员工给予不同的奖励。

人的需求包括生理需求、安全需求、社会需求、新生需求和自我实现需求等若干层次。当一种需求得到满足之后，员工就会转向其他需求。由于每个员工的需求层次不同，对某个人的有效奖励措施对其他人可能就没有效果。管理者应当针对员工的差异性对他们进行个别化的奖励。所以，有效管理的艺术性在于：既精确地满足不同层次员工的需求，又把管理重点放在生存需求之外的高层次需求之上。区别对待不同层次需求的员工是激活其原动力的要素之一。

（五）对不同员工采取不同的奖励措施

合理的经济报酬是对成员付出劳动的补偿和肯定。取得一定的经济报酬对不同的员工来说具有不同的作用。对有些人来说，报酬是一种取得社会地位的途径，对另一些人来说可能是受到赏识的形式。但对大多数人来说，经济报酬决定了他们生活水平的高低，可以满足员工较低层次的需要。

因而，企业在工资与奖金的分配上如能按劳分配，保证工作表现较好的员工能获得较高的报酬，就会激发员工的积极性和创造性。反之，就会严重挫伤成员的积极性，就会降低团队的战斗力。合理的经济报酬，不仅对激发团队成员的战斗力有重要作用，而且对保持团队成员的战斗力也十分重要。它能使成员关系和谐、团队内部团结、思想统一、感情融洽、行动协调，每个成员对团队的归属感、责任感、自豪感也就会增强，当个人利益与团队的集体利益发生矛盾时，个体就会无条件地服从集体。相反，如果成员相互猜疑嫉妒、尔虞我诈、内讧不止，正常的人际关系不复存在，这样的团队不仅没有战斗力，而且必然会解体。

◇ 本章小结

为了对旅游企业进行有效的管理，必须对管理工作中的主要心理现象进行分析。管理中的心理现象主要包括领导者的行为与领导风格，员工的心理特点，员工的心理健康与积极性调动等内容。从企业保护与员工自我调节两方面分析了员工心理健康调节的方法，希望通过企业和员工的双重努力解决员工的心理问题。重点介绍了如何运用激励机制，调动员工的工作积极性，获得自我实现，实现员工和企业的共同发展。

◇ 核心概念和观点

领导风格；领导权变；管理激励。

★有效的领导行为应该把工作行为、关系行为和被领导者的成熟程度结合起来考虑。即领导者要根据下级的不同年龄，不同心理成熟程度，不同成就感、责任心和能力等条件，采取不同的领导行为。

★员工帮助计划是解决员工心理问题最有效、最全面的方法，它围绕着职业心理健康，由专业的心理服务公司设计，提供包括企业心理问题的调查研究、组织管理改进建议、宣传教育、心理培训、心理咨询等各方面的服务。

★解决心理问题，关键还是从自我调节开始。

◇ 思考题

1. 什么是领导风格分类理论？影响领导风格的因素有哪些？
2. 如何理解权变理论？
3. 如何做到领导者与员工的协调，如何做到有效的员工激励？
4. 以学校所在地某一酒店为例，通过问卷调查该酒店员工的心理状况，并分析如何保持员工的最佳心理状态？

参考文献

[1] 屠如骥. 现代旅游心理学[M]. 青岛：青岛出版社，2000.

[2] 李灿佳. 旅游心理学[M]. 北京：高等教育出版社，2000.

[3] 王婉飞. 餐饮消费心理与经营策略[M]. 北京：中国发展出版社，2000.

[4] 张树夫. 旅游心理学[M]. 北京：林业出版社，2000.

[5] 李昕. 实用旅游心理学教程[M]. 北京：中国财政经济出版社，2001.

[6] 赵西萍. 旅游企业人力资源管理[M]. 天津：南开大学出版社，2001.

[7] 荣晓华，孙喜林. 消费者行为学[M]. 大连：东北财经大学出版社，2001.

[8] 甘朝有. 旅游心理学[M]. 天津：南开大学出版社，2001.

[9] 谢苏，王明强，汪瑞军. 旅游心理学概论[M]. 北京：旅游教育出版社，2001.

[10] 艾夫. 卓越服务[M]. 宋亦瑞，译. 北京：旅游教育出版社，2002.

[11] 提姆. 对客服务艺术，成功源自顾客的满意[M]. 2 版. 肖洪根，等，译. 北京：旅游教育出版社，2002.

[12] 罗子明. 消费者心理学[M]. 2 版. 北京：清华大学出版社，2002.

[13] 戴维·刘易斯，达瑞恩·布里格. 新消费者理念[M]. 江林，等，译. 北京：机械工业出版社，2002.

[14] 吴正平，阎纲. 旅游心理学[M]. 北京：旅游教育出版社，2003.

[15] 陈筱. 旅游心理学[M]. 武汉：武汉大学出版社，2003.

[16] 吴正平. 旅游心理学[M]. 北京：旅游教育出版社，2003.

[17] 阎纲. 导游实操多维心理分析案例100[M]. 广州：广东旅游出版社，2003.

[18] 徐栖玲，等. 酒店服务案例心理解析[M]. 广州：广东旅游出版社，2003.

[19] 布莱思. 消费者行为学精要[M]. 丁亚斌，等，译. 北京：中信出版社，2003.

[20] 陈觉. 服务产品设计[M]. 沈阳：辽宁科技出版社，2003.

[21] 段国强. 旅游投诉案例与分析[M]. 北京：中国旅游出版社，2003.

[22] 刘纯. 旅游心理学[M]. 北京：高等教育出版社，2004.

[23] 曾郁娟. 餐饮消费心理分析[M]. 广州：广州出版社，2004.

[24] 黎泉. 导游促销技巧[M]. 北京：中国旅游出版社，2004.

[25] 斯沃布鲁克，霍纳. 旅游消费者行为学[M]. 俞慧君，等，译. 北京：电子工业出版社，2004.

[26] 孙喜林. 旅游心理学[M]. 大连：东北财经大学出版社，2004.

[27] 王有路. 导游艺术 100 则：在南开大学旅游学系的演讲[M]. 广州：广东旅游出

版社，2004.

[28] 秦明. 旅游心理学[M]. 北京：北京大学出版社，2005.

[29] 薛群慧. 现代旅游心理学[M]. 北京：科学出版社，2005.

[30] 亚伯拉罕·匹赞姆. 旅游消费者行为研究[M]. 舒伯阳，等，译. 大连：东北财经大学出版社，2005.

[31] 薛群慧. 旅游心理学[M]. 昆明：云南大学出版社，2005.

[32] 金海峰. 旅游心理原理与实务[M]. 北京：旅游教育出版社，2005.

[33] 陈启跃. 旅游线路设计[M]. 上海：上海交通大学出版社，2005.

[34] 王婉飞，等. 旅游心理学[M]. 杭州：浙江大学出版社，2006.

[35] 李昕，等. 旅游心理学[M]. 北京：清华大学出版社，2006.

[36] 麻益军，等. 旅游心理原理与实务[M]. 北京：旅游教育出版社，2005.

[37] 所罗门. 消费者行为学[M]. 6版. 卢泰宏，译. 北京：中国人民大学出版社，2006.

[38] 王伟. 品牌服务人教程[M]. 北京：旅游教育出版社，2005.

[39] 王伟，孙东. 服务经理人管理手册[M]. 北京：旅游教育出版社，2005.

[40] 梁杰. 导游服务成功秘诀[M]. 北京：中国旅游出版社，2006.

[41] 舒伯阳，廖兆光. 旅游心理学[M]. 大连：东北财经大学出版社，2007.

[42] 保罗·彼得，杰里·C. 奥尔森. 消费者行为与营销战略[M]. 徐瑾，译. 大连：东北财经大学出版社，2010.

[43] 马继兴，等. 旅游心理学[M]. 北京：清华大学出版社，2010.

[44] 李一文. 旅游心理学[M]. 大连：大连理工大学出版社，2011.

[45] 舒伯阳，廖兆光. 旅游心理学[M]. 2版. 大连：东北财经大学出版社，2011.

[46] 陈楠，等. 旅游心理学[M]. 北京：北京理工大学出版社，2011.

[47] 刘宏申. 旅游心理学[M]. 成都：西南财经大学出版社，2012.

[48] 张雪松. 旅游心理学[M]. 北京：中国铁道出版社，2012.

[49] 李祝舜. 旅游心理学[M]. 北京：高等教育出版社，2013.

[50] 胡艳梅. 旅游心理学[M]. 北京：对外经济贸易大学出版社，2013.

[51] 薛英，等. 旅游心理与服务策略[M]. 北京：清华大学出版社，2013.

[52] 舒伯阳，廖兆光. 旅游心理学[M]. 3版. 大连：东北财经大学出版社，2014.

[53] 单铭磊，武国强. 旅游心理学[M]. 广州：中国财富出版社，2016.